פָּרָשַׁת וַיֵּרָא

חוֹבֶרֶת לְמִידָה

MaToK: The Bible Curriculum Project of the Solomon Schechter Day Schools

A joint project of
United Synagogue of Conservative Judaism and
The Jewish Theological Seminary

MaToK is made possible by a generous grant from the
Jim Joseph Foundation.

Current Project Directors

Dr. Jon Mitzmacher, *Executive Director*
Schechter Day School Network

Dr. Zachary Lasker, *Director, Melton & Davidson Education Projects*
William Davidson Graduate School of Jewish Education
The Jewish Theological Seminary

Galya Pinsky Greenberg, *Project Director and Editor*

Past Project Directors (1998–2014)

Dr. Elaine R. S. Cohen, *Director*
Schechter Day School Network

Dr. Robert Abramson, *Director*
Department of Education, United Synagogue of Conservative Judaism

Dr. Steven M. Brown, *Director*
Dr. Barry Holtz, *Director*
Melton Research Center for Jewish Education
The Jewish Theological Seminary

Dr. Deborah Uchill Miller, *Project Director and Editor*

Editing and Production by CET-LE Team

Project Director and Pedagogical Editor: Zohar Harkov
Linguistic Editor: Shoshi Miran

Graphic Designer: Yael Rimon
Illustrations: Avi Katz, Art & Illustration from Israel
(pages 6–7: Udi Taub, Studio Aesthetics)
Computers and DTP Assistance: Roni Meiron

Production: Bilha Shamir
Publishing Coordinator: Gadi Nachmias

CET-LE Learning Environments, for the home (2002) Ltd., 16 Klausner St.
P.O.B. 39513, Tel-Aviv 61394, Israel
Tel. 972-3-6460165, http://www.cet.ac.il

2016 printing

Distributed by Rowman & Littlefield

All correspondence and inquiries should be emailed to matok@jtsa.edu

ISBN: 978-0-8381-0079-0

Printed in the United States of America

We gratefully acknowledge the guidance of The MaToK Deliberation Team:

Charlotte Abramson, Solomon Schechter Day School of Essex and Union
Dr. Bonnie Botel-Sheppard, Penn-Literacy Network
Rabbi Neil Gillman, Jewish Theological Seminary of America
Charlotte Glass, Solomon Schechter Day Schools of Chicago
Dr. Tikva Frymer-Kensky, University of Chicago
Dr. Kathryn Hirsh-Pasek, Temple University
Dr. Steven Lorch, Solomon Schechter Day School of Manhattan
Dr. Ora Horn Prouser, Academy for Jewish Religion, New York
Rabbi Benjamin Scolnic, Temple Beth Sholom, Hamden, CT

Curriculum Writers:

Head Writer: Marcia Lapidus Kaunfer

Charlotte Abramson
Gila Azrad
Rabbi Greta Brown
Mimi Brandwein
Heather Fiedler
Rebecca Friedman
Orly Gonen
Rabbi Pamela Gottfried
Penina Grossberg
Sally Hendelman
Rabbi Brad Horwitz
Rabbi Elana Kanter
Naamit Kurshan
Dr. Deborah Uchill Miller
Ellen Rank
Ami Sabari
Rabbi Jon Spira-Savett
Miriam Taub
Laura Wiseman

Artwork: Experimental edition
Arielle Miller-Timen, Karen Ostrove

Translation:
Michele Alperin, Mira Bashan, Dahlia Helfgott-Hai, Hannah Livneh, Micki Targum

We wish to thank the following for permission to reprint:
Davkawriter: Images of Israel: © 2001
Persky Elias, Haver LaTorah, New York: KTAV Publishing, 1964.
Weintraub Simkha, Five Easy Steps to "Cracking" Almost any Rashi.

תֹּכֶן הָעִנְיָנִים

פָּרָשַׁת וַיֵּרָא

פָּרָשַׁת וַיֵּרָא

שְׁלֹשָׁה אֲנָשִׁים בָּאִים אֶל אַבְרָהָם

פֶּרֶק י"ח פְּסוּקִים א'-ח'

א' וַיֵּרָא[1] אֵלָיו ה' בְּאֵלֹנֵי מַמְרֵא[2],
וְהוּא יֹשֵׁב פֶּתַח-הָאֹהֶל כְּחֹם הַיּוֹם[3].

ב' וַיִּשָּׂא עֵינָיו[4] וַיַּרְא
וְהִנֵּה שְׁלֹשָׁה אֲנָשִׁים נִצָּבִים[5] עָלָיו,
וַיַּרְא וַיָּרָץ לִקְרָאתָם[6] מִפֶּתַח הָאֹהֶל
וַיִּשְׁתַּחוּ אָרְצָה[7].

ג' וַיֹּאמַר:
"אֲדֹנָי[8] אִם-נָא[9] מָצָאתִי חֵן בְּעֵינֶיךָ
אַל-נָא תַעֲבֹר[10] מֵעַל עַבְדֶּךָ.

ד' יֻקַּח[11]-נָא מְעַט-מַיִם
וְרַחֲצוּ רַגְלֵיכֶם
וְהִשָּׁעֲנוּ[12] תַּחַת הָעֵץ.

ה' וְאֶקְחָה[13] פַת-לֶחֶם
וְסַעֲדוּ לִבְּכֶם[14]
אַחַר תַּעֲבֹרוּ
כִּי-עַל-כֵּן עֲבַרְתֶּם[15] עַל-עַבְדְּכֶם[16]."
וַיֹּאמְרוּ: "כֵּן תַּעֲשֶׂה כַּאֲשֶׁר דִּבַּרְתָּ."

1 **וַיֵּרָא** (ר-א-ה): he appeared
2 **אֵלֹנֵי מַמְרֵא:** שֵׁם שֶׁל מָקוֹם.
3 **כְּחֹם הַיּוֹם:** כְּשֶׁהָיָה חַם בַּחוּץ, בַּצָּהֳרַיִם.
4 **וַיִּשָּׂא עֵינָיו** (נ-ש-א): הוּא הִסְתַּכֵּל.
5 **נִצָּבִים:** עוֹמְדִים.
6 **לִקְרָאתָם:** towards them
7 **וַיִּשְׁתַּחוּ אָרְצָה:** הִשְׁתַּחֲוָה. (he bowed down)
8 **אֲדֹנָי:** my master (a polite term)
9 **נָא:** בְּבַקָּשָׁה.
10 **תַעֲבֹר** (ע-ב-ר): pass by
11 **יֻקַּח** (ל-ק-ח): let be taken
12 **וְהִשָּׁעֲנוּ:** תֵּשְׁבוּ.
13 **וְאֶקְחָה:** אֶקַּח.
14 **וְסַעֲדוּ לִבְּכֶם:** תֹּאכְלוּ.
15 **כִּי-עַל-כֵּן עֲבַרְתֶּם:** since you have passed by
16 **עַבְדְּכֶם:** הָעֶבֶד שֶׁלָּכֶם.

ו׳ וַיְמַהֵר אַבְרָהָם הָאֹהֱלָה[17] אֶל-שָׂרָה
וַיֹּאמֶר: "מַהֲרִי שְׁלֹשׁ סְאִים[18] קֶמַח סֹלֶת[19]
לוּשִׁי[20] וַעֲשִׂי עֻגוֹת."

ז׳ וְאֶל-הַבָּקָר רָץ אַבְרָהָם,
וַיִּקַּח בֶּן-בָּקָר רַךְ וָטוֹב
וַיִּתֵּן אֶל-הַנַּעַר
וַיְמַהֵר לַעֲשׂוֹת אֹתוֹ.

ח׳ וַיִּקַּח חֶמְאָה וְחָלָב
וּבֶן-הַבָּקָר אֲשֶׁר עָשָׂה
וַיִּתֵּן לִפְנֵיהֶם,
וְהוּא-עֹמֵד עֲלֵיהֶם תַּחַת הָעֵץ וַיֹּאכֵלוּ.

17 **הָאֹהֱלָה:** אֶל הָאֹהֶל.
18 **שְׁלֹשׁ סְאִים:** כַּמּוּת (שֶׁל קֶמַח).
19 **קֶמַח סֹלֶת:** קֶמַח טוֹב מְאֹד.
20 **לוּשִׁי:** knead

לִקְרֹא... לִמְצֹא... לְהַשְׁלִים... פְּסוּקִים א׳-ח׳

1 הַדְּמֻיּוֹת בִּפְסוּקִים א׳-ח׳ הֵן:

______ ______ ______ ______

2 **כִּתְבוּ** בְּבַקָּשָׁה בִּלְשׁוֹן הַתּוֹרָה: (פָּסוּק א׳)

אֵיפֹה אַבְרָהָם יוֹשֵׁב? הוּא יוֹשֵׁב "______ ______."

מָתַי? "______ ______."

3 בְּפָסוּק ב׳ כָּתוּב עַל אַבְרָהָם, וְהַמִּלָּה "וַיַּרְא" כְּתוּבָה בּוֹ פַּעֲמַיִם.

סַמְּנוּ אוֹתָהּ בְּצֶבַע צָהֹב (עַמּוּד 6).

4 פֵּרוּשׁ הַמִּלָּה "וַיַּרְא": רָאָה, הֵבִין, שָׁמַע, הִרְגִּישׁ. בַּחֲרוּ אֶת הַפֵּרוּשׁ הַמַּתְאִים:

"**וַיַּרְא**" – בַּפַּעַם הָרִאשׁוֹנָה: אַבְרָהָם ______.

"**וַיַּרְא**" – בַּפַּעַם הַשְּׁנִיָּה: אַבְרָהָם ______.

5 **הַשְׁלִימוּ** בִּלְשׁוֹן הַתּוֹרָה: (פְּסוּקִים ד׳-ה׳)

אַבְרָהָם מַזְמִין אֶת הָאוֹרְחִים:

- לְהִתְרַחֵץ: ______
- לָשֶׁבֶת וְלָנוּחַ: הִשָּׁעֲנוּ תַּחַת הָעֵץ.
- לֶאֱכֹל: ______

6 **סַמְּנוּ** בְּעַמּוּדִים 7–6 בְּצֶבַע כָּחֹל אֶת הַמִּלִּים מִן הַשֹּׁרֶשׁ **ר-ו-צ**.

7 מְצָאתֶם ______ מִלִּים.

8 **סַמְּנוּ** בְּעַמּוּד 7 בְּצֶבַע יָרֹק אֶת הַמִּלִּים מִן הַשֹּׁרֶשׁ **מ-ה-ר**.

9 מְצָאתֶם ______ מִלִּים.

10 מִן הַמִּלִּים הָאֵלֶּה אָנוּ לוֹמְדִים עַל אַבְרָהָם שֶׁ ______

______

11 **כִּתְבוּ** שֵׁם לַצִּיּוּר: ______

לַחְשֹׁב... לְהָבִין... לְהַרְגִּישׁ... פְּסוּקִים א׳-ח׳

12 מָה אַבְרָהָם יוֹדֵעַ עַל הָאֲנָשִׁים שֶׁבָּאִים אֵלָיו? ______________________

____.

13 אֲנַחְנוּ יוֹדְעִים שֶׁאַבְרָהָם עָשָׂה מִצְוָה חֲשׁוּבָה מְאֹד.

הַמִּצְוָה הַזֹּאת לֹא כְּתוּבָה בַּפֶּרֶק.

הַמִּצְוָה הִיא: הַ ______________ ______________.

14 כַּאֲשֶׁר אוֹרְחִים בָּאִים לַכִּתָּה שֶׁלָּנוּ, אֲנַחְנוּ מְקַבְּלִים (welcome) אוֹתָם כָּךְ:

____

____

____

____

15 כַּאֲשֶׁר אוֹרֵחַ בָּא לַבַּיִת שֶׁלִּי, אֲנִי מְקַבֵּל אוֹתוֹ כָּךְ:

____

____

____

____

הַבְּשׂוֹרָה לְשָׂרָה

פֶּרֶק י"ח פְּסוּקִים ט'–ט"ז

ט' וַיֹּאמְרוּ אֵלָיו: "אַיֵּה[1] שָׂרָה אִשְׁתֶּךָ?"
וַיֹּאמֶר: "הִנֵּה בָאֹהֶל."

י' וַיֹּאמֶר: "שׁוֹב אָשׁוּב[2] אֵלֶיךָ כָּעֵת חַיָּה
וְהִנֵּה-בֵן לְשָׂרָה אִשְׁתֶּךָ."
וְשָׂרָה שֹׁמַעַת פֶּתַח הָאֹהֶל וְהוּא אַחֲרָיו.

י"א וְאַבְרָהָם וְשָׂרָה זְקֵנִים בָּאִים בַּיָּמִים[3],
חָדַל לִהְיוֹת לְשָׂרָה אֹרַח כַּנָּשִׁים[4].

י"ב וַתִּצְחַק שָׂרָה בְּקִרְבָּהּ[5] לֵאמֹר:
"אַחֲרֵי בְלֹתִי[6] הָיְתָה-לִּי עֶדְנָה
וַאדֹנִי[7] זָקֵן."

י"ג וַיֹּאמֶר ה' אֶל-אַבְרָהָם:
"לָמָּה זֶה צָחֲקָה שָׂרָה לֵאמֹר
'הַאַף אֻמְנָם[8] אֵלֵד?! וַאֲנִי זָקַנְתִּי!'"

1 **אַיֵּה:** אֵיפֹה.
2 **שׁוֹב אָשׁוּב:** אֲנִי בֶּאֱמֶת אָשׁוּב!
3 **בָּאִים בַּיָּמִים:** זְקֵנִים.
4 **חָדַל לִהְיוֹת לְשָׂרָה אֹרַח כַּנָּשִׁים:** שָׂרָה הִיא זְקֵנָה מְאֹד, וְהִיא לֹא יְכוֹלָה לָלֶדֶת.
5 **בְּקִרְבָּהּ:** inside herself
6 **בְּלֹתִי:** זָקַנְתִּי.
7 **וַאדֹנִי:** הָאָדוֹן שֶׁלִּי – my lord (אַבְרָהָם)
8 **הַאַף אֻמְנָם:** really?

י"ד "הֲיִפָּלֵא[9] מֵה' דָּבָר?!
לַמּוֹעֵד אָשׁוּב אֵלֶיךָ כָּעֵת חַיָּה וּלְשָׂרָה בֵן."

ט"ו וַתְּכַחֵשׁ[10] שָׂרָה לֵאמֹר,
"לֹא צָחַקְתִּי",
כִּי יָרֵאָה[11],
וַיֹּאמֶר: "לֹא כִּי צָחָקְתְּ."

ט"ז וַיָּקֻמוּ מִשָּׁם הָאֲנָשִׁים
וַיַּשְׁקִפוּ[12] עַל-פְּנֵי סְדֹם,
וְאַבְרָהָם הֹלֵךְ עִמָּם לְשַׁלְּחָם[13].

9 **הֲיִפָּלֵא** (פ-ל-א):
is anything too wondrous?

10 **וַתְּכַחֵשׁ:** הִיא שִׁקְּרָה.

11 **יָרֵאָה** (י-ר-א): הִיא פָּחֲדָה.

12 **וַיַּשְׁקִפוּ** (ש-ק-פ): הֵם הִסְתַּכְּלוּ.

13 **לְשַׁלְּחָם** (ש-ל-ח): לְשַׁלֵּחַ אוֹתָם.

לִקְרֹא... לִמְצֹא... לְהַשְׁלִים... פְּסוּקִים ט׳-ט״ז

1 **סַמְּנוּ** בְּעַמּוּדִים 12–11 בְּצֶבַע צָהֹב אֶת הַשֵּׁם שֶׁל **שָׂרָה**.

2 הַשֵּׁם שֶׁל **שָׂרָה** חוֹזֵר ________ פְּעָמִים.

3 **סַמְּנוּ** בְּעַמּוּדִים 12–11 בְּצֶבַע יָרֹק אֶת הַשֵּׁם שֶׁל **אַבְרָהָם**.

4 הַשֵּׁם שֶׁל **אַבְרָהָם** חוֹזֵר ________ פְּעָמִים.

5 הַדְּמוּת הַחֲשׁוּבָה בַּסִּפּוּר הִיא ____________ .

כִּי ____ .

6 **סַמְּנוּ** בְּעַמּוּדִים 12–11 בְּצֶבַע וָרֹד אֶת הַמִּלִּים מִן הַשֹּׁרֶשׁ **צ-ח-ק**.

7 הַשֹּׁרֶשׁ **צ-ח-ק** חוֹזֵר ________ פְּעָמִים.

8 **סַמְּנוּ** בְּעַמּוּדִים 12–11 בְּצֶבַע כָּחֹל אֶת הַמִּלִּים מִן הַשֹּׁרֶשׁ **ז-ק-נ**.

9 הַשֹּׁרֶשׁ **ז-ק-נ** חוֹזֵר ________ פְּעָמִים.

10 מָה הַקֶּשֶׁר בֵּין שָׂרָה לְבֵין הַמִּלִּים הַחוֹזְרוֹת מִן הַשָּׁרָשִׁים **צ-ח-ק** וְ**ז-ק-נ**?

____

____

11 מִי אוֹמֵר? (אַבְרָהָם, שָׂרָה, ה׳)

- ״אַיֵּה שָׂרָה אִשְׁתֶּךָ?״ ______________
- ״הִנֵּה בָאֹהֶל״ ______________
- ״וְהִנֵּה-בֵן לְשָׂרָה״ ______________
- ״אַחֲרֵי בְלֹתִי הָיְתָה-לִּי עֶדְנָה״ ______________
- ״לָמָּה זֶּה צָחֲקָה שָׂרָה?״ ______________
- ״הֲיִפָּלֵא מֵה׳ דָּבָר?!״ ______________
- ״לֹא צָחַקְתִּי״ ______________
- ״לֹא, כִּי צָחָקְתְּ״ ______________

12 מָה ה׳ מְבַשֵּׂר (announces) לְאַבְרָהָם? (פָּסוּק י׳)

כִּתְבוּ בִּלְשׁוֹנֵנוּ: ____ .

13 **הַשְׁלִימוּ** (פְּסוּקִים ט׳-ט״ו):

- צוֹחֶקֶת
- זְקֵנִים
- בֵּן

ה׳ מְבַשֵּׂר לְאַבְרָהָם שֶׁיִּהְיֶה לְשָׂרָה ______________ .

אַבְרָהָם וְשָׂרָה ______________ מְאֹד.

שָׂרָה ______________ בְּקִרְבָּהּ וְלֹא מַאֲמִינָה.

14 הָאוֹרְחִים הוֹלְכִים מֵאַבְרָהָם לָעִיר ______________ . (פָּסוּק ט״ז)

15 לְפִי פְּסוּקִים י׳-ט״ו, לָמָּה הָאֲנָשִׁים בָּאוּ אֶל אַבְרָהָם?

____.

16 לְפִי דַּעְתְּכֶם, הָאֲנָשִׁים שֶׁבָּאוּ אֶל אַבְרָהָם הֵם:

אֲנָשִׁים מְיֻחָדִים, כִּי ____.

אֲנָשִׁים רְגִילִים, כִּי ____.

17 עַל אַבְרָהָם כָּתוּב:

וַיִּפֹּל אַבְרָהָם עַל-פָּנָיו וַיִּצְחָק
וַיֹּאמֶר בְּלִבּוֹ:
״הַלְּבֶן מֵאָה-שָׁנָה יִוָּלֵד?
וְאִם-שָׂרָה הֲבַת-תִּשְׁעִים שָׁנָה תֵּלֵד?״

(פֶּרֶק י״ז פָּסוּק י״ז)

עַל שָׂרָה כָּתוּב:

וַתִּצְחַק שָׂרָה בְּקִרְבָּהּ לֵאמֹר:
״אַחֲרֵי בְלֹתִי הָיְתָה-לִּי עֶדְנָה
וַאדֹנִי זָקֵן.״

(פֶּרֶק י״ח פָּסוּק י״ב)

סַמְּנוּ בְּצֶבַע וָרֹד אֶת הַדְּבָרִים הַדּוֹמִים בִּשְׁנֵי הַפְּסוּקִים.

18 ה׳ לֹא מֵגִיב (reacts) לַצְּחוֹק שֶׁל אַבְרָהָם.

ה׳ מֵגִיב לַצְּחוֹק שֶׁל שָׂרָה. (פְּסוּקִים י״ג-י״ד)

לְפִי דַּעְתְּכֶם, לָמָּה הַתְּגוּבָה (reaction) אֶל שָׂרָה שׁוֹנָה (different) מֵהַתְּגוּבָה אֶל אַבְרָהָם?

____

____

19 בְּסֵפֶר בְּרֵאשִׁית פֶּרֶק י״ז פָּסוּק י״ט, כָּתוּב:

״אֲבָל שָׂרָה אִשְׁתְּךָ יֹלֶדֶת לְךָ בֵּן וְקָרָאתָ אֶת-שְׁמוֹ יִצְחָק.״

לְפִי פֶּרֶק י״ז וּלְפִי פֶּרֶק י״ח ה׳ נוֹתֵן לַבֵּן שֶׁל אַבְרָהָם וְשָׂרָה אֶת הַשֵּׁם יִצְחָק

כִּי ______________________________________

20 **הַצִּיגוּ** אֶת הַכָּתוּב בִּפְסוּקִים י׳-ט״ו.

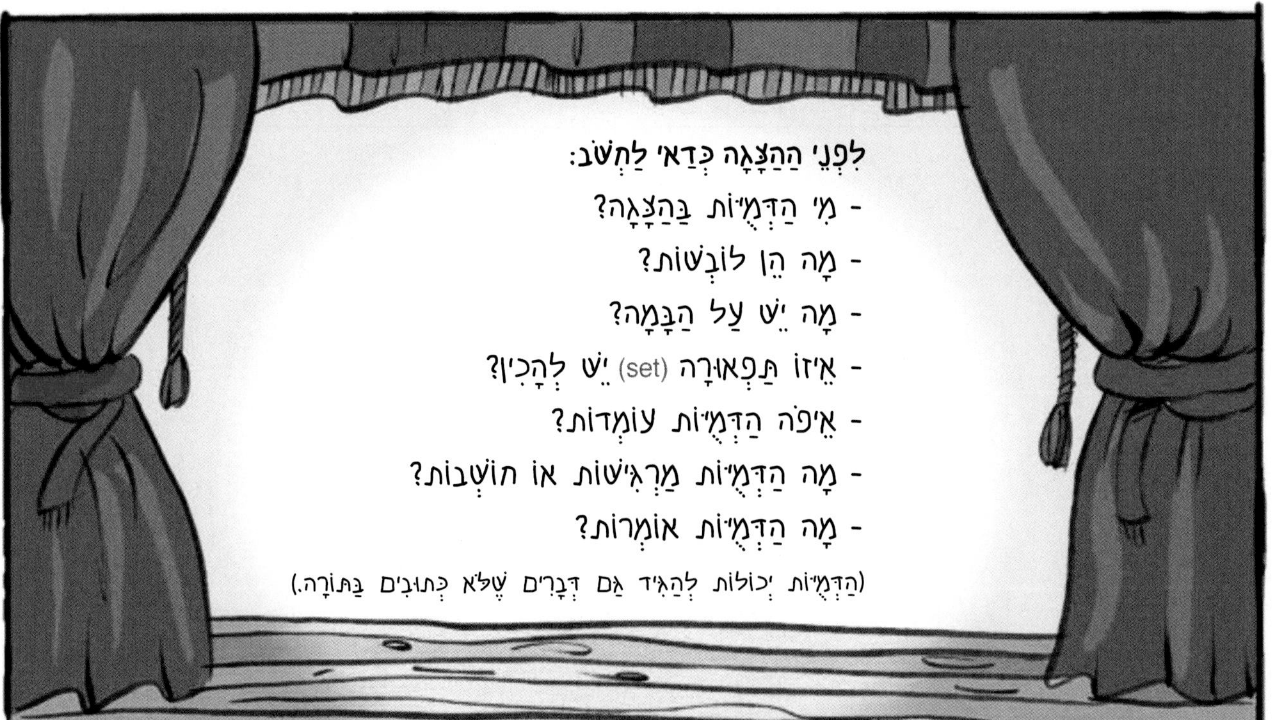

צֶדֶק וּמִשְׁפָּט

פֶּרֶק י"ח פְּסוּקִים י"ז–י"ט

1 **הַמְכַסֶּה:** הַאִם אֲנִי מַסְתִּיר? (do I hide?)

2 **הָיוֹ יִהְיֶה:** הוּא יִהְיֶה. (he will certainly be)

3 **עָצוּם:** גָּדוֹל מְאֹד.

4 **גּוֹיֵי:** הַגּוֹיִים שֶׁל

5 **יְדַעְתִּיו** (י-ד-ע): יָדַעְתִּי אוֹתוֹ.

6 **לְמַעַן:** for

7 **יְצַוֶּה** (צ-ו-ה): he will command

8 **וּמִשְׁפָּט** (ש-פ-ט): judgment

י"ז וַה' אָמָר:
"הַמְכַסֶּה[1] אֲנִי מֵאַבְרָהָם אֲשֶׁר אֲנִי עֹשֶׂה?

י"ח וְאַבְרָהָם הָיוֹ יִהְיֶה[2] לְגוֹי גָּדוֹל וְעָצוּם[3]
וְנִבְרְכוּ-בוֹ כֹּל גּוֹיֵי[4] הָאָרֶץ.

י"ט כִּי יְדַעְתִּיו[5]
לְמַעַן[6] אֲשֶׁר יְצַוֶּה[7] אֶת בָּנָיו וְאֶת-בֵּיתוֹ אַחֲרָיו
וְשָׁמְרוּ דֶּרֶךְ ה'
לַעֲשׂוֹת צְדָקָה וּמִשְׁפָּט[8]
לְמַעַן הָבִיא ה' עַל-אַבְרָהָם אֵת אֲשֶׁר-דִּבֶּר עָלָיו."

לִקְרֹא... לִמְצֹא... לְהַשְׁלִים... פְּסוּקִים י"ז - י"ט

1 מִי מְדַבֵּר בִּפְסוּקִים י"ז–י"ט (עַמּוּד 17)? ______________

2 עַל מִי הוּא מְדַבֵּר? ______________

3 הַשְּׁאֵלָה שֶׁה' שׁוֹאֵל הִיא: "__________ __________ __________

__________ __________ __________?" (פָּסוּק י"ז)

4 אֶת מִי ה' שׁוֹאֵל? ______________

5 מַהִי "דֶּרֶךְ ה'"? (פָּסוּק י"ט)

הַשְׁלִימוּ בִּלְשׁוֹן הַתּוֹרָה: דֶּרֶךְ ה' הִיא "לַעֲשׂוֹת __________ וּ__________."

6 מָה **ה' יוֹדֵעַ** עַל אַבְרָהָם?

הַשְׁלִימוּ:

ה' יוֹדֵעַ שֶׁאַבְרָהָם יְצַוֶּה עַל בָּנָיו וְעַל __________ __________

לָלֶכֶת בְּ__________ ה'.

ה' יוֹדֵעַ שֶׁאַבְרָהָם הוּא אִישׁ שֶׁעוֹשֶׂה צֶדֶק וּ__________

וְגַם בָּנָיו יַעֲשׂוּ __________ וּמִשְׁפָּט.

- מִשְׁפָּט
- בְּנֵי בֵּיתוֹ
- צֶדֶק
- דֶּרֶךְ

7 אֵיךְ אֲנָשִׁים יְכוֹלִים לַעֲשׂוֹת צְדָקָה וּמִשְׁפָּט?

סַמְּנוּ ✓ עַל יַד הַתְּשׁוּבוֹת הַנְּכוֹנוֹת בְּעֵינֵיכֶם.

☐ לַעֲזֹר לַאֲנָשִׁים שֶׁצְּרִיכִים עֶזְרָה.

☐ לְדַבֵּר רַק אֱמֶת.

☐ לְהִתְנַגֵּד לְמַעֲשִׂים לֹא יְשָׁרִים. (not right)

☐ לְהָגֵן עַל הַחַלָּשִׁים. (to protect the weak)

☐ לְהִתְנַהֵג בְּיֹשֶׁר. (to act honestly)

☐ לְבַקֵּר חוֹלִים.

☐ לְקַבֵּל אוֹרְחִים וּלְטַפֵּל בָּהֶם יָפֶה. (to take care of them)

☐ לְהִתְנַהֵג בְּדֶרֶךְ אֶרֶץ.

8 ה' אוֹמֵר: **"הַמְכַסֶּה אֲנִי מֵאַבְרָהָם אֲשֶׁר אֲנִי עֹשֶׂה?"** (פָּסוּק י"ז)

מָה ה' מַרְגִּישׁ כְּלַפֵּי אַבְרָהָם? ____________________

______________________________________.

הָאֲנָשִׁים הוֹלְכִים מֵאַבְרָהָם

פֶּרֶק י"ח פְּסוּקִים כ'–כ"ב

כ' וַיֹּאמֶר ה':

"זַעֲקַת סְדֹם וַעֲמֹרָה[1] כִּי-רָבָּה,

וְחַטָּאתָם[2] כִּי כָבְדָה מְאֹד[3].

כ"א אֵרְדָה[4]-נָּא וְאֶרְאֶה

הַכְּצַעֲקָתָהּ[5] הַבָּאָה אֵלַי עָשׂוּ כָּלָה,

וְאִם-לֹא אֵדָעָה."

כ"ב וַיִּפְנוּ מִשָּׁם הָאֲנָשִׁים וַיֵּלְכוּ סְדֹמָה

וְאַבְרָהָם עוֹדֶנּוּ[6] עֹמֵד לִפְנֵי-ה'.

[1] **זַעֲקַת סְדֹם וַעֲמֹרָה:** זְעָקָה=צְעָקָה. (scream)

[2] **וְחַטָּאתָם:** הַחֵטְא (sin) שֶׁלָּהֶם.

[3] **כָּבְדָה מְאֹד:** גְּדוֹלָה מְאֹד.

[4] **אֵרֲדָה** (י-ר-ד): אֵרֵד.

[5] **הַכְּצַעֲקָתָהּ:** הַאִם כְּמוֹ הַצְּעָקָה שֶׁלָּהּ?

[6] **עוֹדֶנּוּ:** עֲדַיִן.

לִקְרֹא... לִמְצֹא... לְהַשְׁלִים... פְּסוּקִים כ׳-כ״ב

1 מִי מְדַבֵּר בִּפְסוּקִים כ׳-כ״א? ______________ .

2 **סַמְּנוּ** בְּצֶבַע יָרֹק אֶת הַשֵּׁמוֹת שֶׁל הַמְּקוֹמוֹת בִּפְסוּקִים כ׳, כ״ב.

3 מָה ה׳ יוֹדֵעַ עַל סְדוֹם וַעֲמוֹרָה? (פָּסוּק כ׳)

הַשְׁלִימוּ בִּלְשׁוֹן הַתּוֹרָה:

״זַעֲקַת סְדֹם וַעֲמֹרָה ______________ ______________ וְחַטָּאתָם ______________

______________ ______________.״

4 ה׳ אוֹמֵר: **״אֵרְדָה-נָּא וְאֶרְאֶה״** (פָּסוּק כ״א). מָה ה׳ רוֹצֶה לִרְאוֹת?

כִּתְבוּ בִּלְשׁוֹנֵנוּ: ______________________________

____ .

5 מִי הֵם **״הָאֲנָשִׁים״** בְּפָסוּק כ״ב?

הָאֲנָשִׁים הֵם ______________________________

לַחְשֹׁב... לְהָבִין... לְהַרְגִּישׁ... פְּסוּקִים כ׳-כ״ב

6 מַדּוּעַ הָאֲנָשִׁים הוֹלְכִים לִסְדוֹם? ________________________________

____.

7 אֶ-לֹהִים רוֹאֶה וְשׁוֹמֵעַ הַכֹּל. לְפִי דַּעְתְּכֶם, לָמָּה הוּא שׁוֹלֵחַ אֲנָשִׁים

לִרְאוֹת "הַכְּצַעֲקָתָהּ"? ________________________________

____.

8 **הַשְׁלִימוּ** בִּלְשׁוֹנֵנוּ: (פָּסוּק כ״ב)

לְפִי דַּעְתִּי אַבְרָהָם עֲדַיִן עוֹמֵד "לִפְנֵי ה׳"

- כִּי הוּא רוֹצֶה לוֹמַר לַה׳ ________________________________
- כִּי הוּא רוֹצֶה לִרְאוֹת ________________________________

9 **כִּתְבוּ** שֵׁם לַצִּיּוּר: ________________________________

אַבְרָהָם מִתְוַכֵּחַ עִם ה'

פֶּרֶק י"ח פְּסוּקִים כ"ג-ל"ג

כ"ג וַיִּגַּשׁ[1] אַבְרָהָם וַיֹּאמַר:
"הַאַף תִּסְפֶּה[2] צַדִּיק עִם-רָשָׁע?!

כ"ד אוּלַי יֵשׁ חֲמִשִּׁים צַדִּיקִם בְּתוֹךְ הָעִיר?
הַאַף תִּסְפֶּה
וְלֹא-תִשָּׂא[3] לַמָּקוֹם
לְמַעַן חֲמִשִּׁים הַצַּדִּיקִם אֲשֶׁר בְּקִרְבָּהּ[4]?

כ"ה חָלִלָה לְּךָ מֵעֲשֹׂת[5] כַּדָּבָר הַזֶּה -
לְהָמִית צַדִּיק עִם-רָשָׁע!
וְהָיָה כַצַּדִּיק כָּרָשָׁע?
חָלִלָה לָּךְ[6]!
הֲשֹׁפֵט כָּל-הָאָרֶץ לֹא יַעֲשֶׂה מִשְׁפָּט?!"

כ"ו וַיֹּאמֶר ה':
"אִם-אֶמְצָא בִסְדֹם חֲמִשִּׁים צַדִּיקִם
בְּתוֹךְ הָעִיר,
וְנָשָׂאתִי[7] לְכָל-הַמָּקוֹם בַּעֲבוּרָם[8]."

1 **וַיִּגַּשׁ** (נ-ג-ש): הִתְקָרֵב.
2 **תִּסְפֶּה:** תַּהֲרֹג.
3 **תִשָּׂא:** תִּסְלַח. (forgive)
4 **בְּקִרְבָּהּ:** בָּהּ, בְּתוֹכָהּ. (in it)
5 **חָלִלָה לְּךָ מֵעֲשֹׂת:** far be it from you to do such a thing
6 **חָלִלָה לָּךְ:** far be it from you!
7 **וְנָשָׂאתִי:** אֶסְלַח.
8 **בַּעֲבוּרָם:** for them

כ״ז וַיַּעַן[9] אַבְרָהָם וַיֹּאמַר:
״הִנֵּה-נָא הוֹאַלְתִּי[10] לְדַבֵּר אֶל-אֲדֹנָי
וְאָנֹכִי עָפָר וָאֵפֶר[11].

כ״ח אוּלַי יַחְסְרוּן[12] חֲמִשִּׁים הַצַּדִּיקִם חֲמִשָּׁה
הֲתַשְׁחִית[13] בַּחֲמִשָּׁה אֶת-כָּל-הָעִיר?״
וַיֹּאמֶר: ״לֹא אַשְׁחִית
אִם-אֶמְצָא שָׁם אַרְבָּעִים וַחֲמִשָּׁה.״

כ״ט וַיֹּסֶף עוֹד לְדַבֵּר אֵלָיו וַיֹּאמַר:
״אוּלַי יִמָּצְאוּן[14] שָׁם אַרְבָּעִים?״
וַיֹּאמֶר: ״לֹא אֶעֱשֶׂה, בַּעֲבוּר[15] הָאַרְבָּעִים.״

ל׳ וַיֹּאמֶר: ״אַל-נָא יִחַר[16] לַאדֹנָי וַאֲדַבֵּרָה,
אוּלַי יִמָּצְאוּן שָׁם שְׁלֹשִׁים?״
וַיֹּאמֶר: ״לֹא אֶעֱשֶׂה, אִם-אֶמְצָא שָׁם שְׁלֹשִׁים.״

ל״א וַיֹּאמֶר: ״הִנֵּה-נָא הוֹאַלְתִּי לְדַבֵּר אֶל-אֲדֹנָי
אוּלַי יִמָּצְאוּן שָׁם עֶשְׂרִים?״
וַיֹּאמֶר: ״לֹא אַשְׁחִית, בַּעֲבוּר הָעֶשְׂרִים.״

9 **וַיַּעַן** (ע-נ-ה): עָנָה.
10 **הוֹאַלְתִּי:** I have taken upon myself.
11 **עָפָר וָאֵפֶר:** dust and ashes
12 **יַחְסְרוּן:** יִהְיוּ חֲסֵרִים.
13 **הֲתַשְׁחִית:** will you destroy?
14 **יִמָּצְאוּן** (מ-צ-א): יִהְיוּ.
15 **בַּעֲבוּר:** בִּשְׁבִיל.
16 **יִחַר:** יִכְעַס.

ל״ב וַיֹּאמֶר: ״אַל-נָא יִחַר[17] לַאדֹנָי
וַאֲדַבְּרָה אַךְ-הַפַּעַם[18],
אוּלַי יִמָּצְאוּן שָׁם עֲשָׂרָה?״
וַיֹּאמֶר: ״לֹא אַשְׁחִית, בַּעֲבוּר הָעֲשָׂרָה.״

17 **אַל-נָא יִחַר:** אַל תִּכְעַס.
18 **אַךְ-הַפַּעַם:** but this once
19 **כִּלָּה:** גָּמַר.

ל״ג וַיֵּלֶךְ ה׳ כַּאֲשֶׁר כִּלָּה[19] לְדַבֵּר אֶל-אַבְרָהָם
וְאַבְרָהָם שָׁב לִמְקֹמוֹ.

לִקְרֹא... לִמְצֹא... לְהַשְׁלִים... פְּסוּקִים כ"ג-ל"ג

1 **סַמְּנוּ** בְּעַמּוּד 23 בִּפְסוּקִים כ"ג-כ"ה:

בְּצֶבַע צָהֹב אֶת הַמִּלִּים מִן הַשֹּׁרֶשׁ **ר-ש-ע**.

בְּצֶבַע וָרֹד אֶת הַמִּלִּים מִן הַשֹּׁרֶשׁ **צ-ד-ק**.

2 עַל פִּי הַשָּׁרָשִׁים **צ-ד-ק** וְ**ר-ש-ע** – מָה כָּתוּב בִּפְסוּקִים כ"ג-ל"ג?

---

3 בִּפְסוּקִים כ"ג-ל"ג אַבְרָהָם וֶאֱ-לֹהִים מְדַבְּרִים זֶה עִם זֶה.

סַמְּנוּ בְּעַמּוּדִים 23–25:

בְּצֶבַע יָרֹק אֶת **וַיֹּאמֶר** – דִּבְרֵי אַבְרָהָם.

בְּצֶבַע כָּחֹל אֶת **וַיֹּאמֶר** – דִּבְרֵי אֱ-לֹהִים.

4 מִי אוֹמֵר אֶת זֶה?

הִנֵּה-נָא הוֹאַלְתִּי לְדַבֵּר אֶל-אֲדֹנָי,
וְאָנֹכִי עָפָר וָאֵפֶר (פָּסוּק כ"ז)

אַל-נָא יִחַר לַאדֹנָי
וַאֲדַבְּרָה אַךְ-הַפַּעַם (פָּסוּק ל"ב)

אֶת הַדְּבָרִים הָאֵלֶּה אוֹמֵר ________.

זֶה מַרְאֶה שֶׁהוּא מִתְנַהֵג בְּ ________.

5 **הַשְׁלִימוּ** אֶת הַמִּסְפָּרִים הַחֲסֵרִים.

אַבְרָהָם שׁוֹאֵל:		**ה' עוֹנֶה:**
1. אִם יִהְיוּ בָּעִיר 50 צַדִּיקִים, הַאִם תִּסְלַח לָעִיר? (פָּסוּק כ"ד)	◀	אִם יִהְיוּ ______ צַדִּיקִים, אֶסְלַח לָעִיר. (פָּסוּק כ"ו)
2. אִם יִהְיוּ ______ (=5–50) צַדִּיקִים בָּעִיר, הַאִם תַּשְׁמִיד אֶת הָעִיר? (will you destroy?) (פָּסוּק כ"ח)	◀	אִם יִהְיוּ ______ צַדִּיקִים, לֹא אַשְׁמִיד. (פָּסוּק כ"ח)
3. אִם יִהְיוּ ______ ? (פָּסוּק כ"ט)	◀	אִם יִהְיוּ ______ , לֹא אַשְׁמִיד. (פָּסוּק כ"ט)
4. אִם יִהְיוּ ______ ? (פָּסוּק ל')	◀	אִם יִהְיוּ ______ , לֹא אַשְׁמִיד. (פָּסוּק ל')
5. אִם יִהְיוּ ______ ? (פָּסוּק ל"א)	◀	אִם יִהְיוּ ______ , לֹא אַשְׁמִיד. (פָּסוּק ל"א)
6. אִם יִהְיוּ ______ ? (פָּסוּק ל"ב)	◀	אִם יִהְיוּ ______ , לֹא אַשְׁמִיד. (פָּסוּק ל"ב)

6 ה' לֹא יַשְׁמִיד אֶת הָעִיר סְדוֹם אֲפִלּוּ אִם יִהְיוּ בָּהּ רַק ______ צַדִּיקִים.

לַחְשֹׁב... לְהָבִין... לְהַרְגִּישׁ... פְּסוּקִים כ"ג-ל"ג

7 מָה אַבְרָהָם מְבַקֵּשׁ בַּשִּׂיחָה עִם ה'? ______________________________

____.

8 אַחֲרֵי 10 צַדִּיקִים – לָמָּה אַבְרָהָם הִפְסִיק (stopped) לְבַקֵּשׁ? ______________________

____.

9 מַדּוּעַ אַבְרָהָם חוֹזֵר עַל הַבַּקָּשָׁה שֶׁלּוֹ הַרְבֵּה פְּעָמִים? ______________________

____.

10 מָה אֲנַחְנוּ לוֹמְדִים עַל אַבְרָהָם?

הַקִּיפוּ (בְּמַעְגָּל) אֶת מָה שֶׁלְּדַעְתְּכֶם מַתְאִים לְאַבְרָהָם.

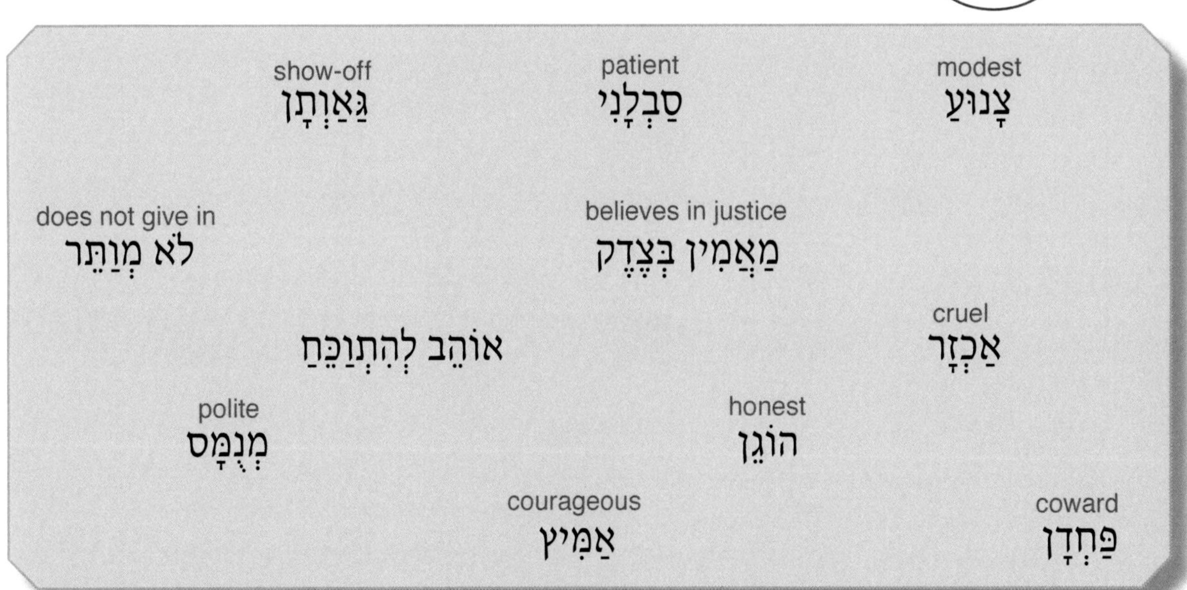

11 מָה אֲנַחְנוּ לוֹמְדִים עַל ה'?

בַּחֲרוּ וְסַמְּנוּ ✓:

☐ ה' מַאֲמִין בְּצֶדֶק וּבְמִשְׁפָּט.

☐ ה' הוּא סַבְלָנִי.

(appreciates)
☐ ה' מַעֲרִיךְ אֶת אַבְרָהָם.

12 בָּחַרְתִּי כָּךְ כִּי ______________________________

____

13 **בַּחֲרוּ** אֶת שְׁנֵי הַמִּשְׁפָּטִים הַחֲשׁוּבִים בְּיוֹתֵר בַּשִּׂיחָה בֵּין אַבְרָהָם לַה'.

(פְּסוּקִים כ"ג–ל"ג בְּעַמּוּדִים 23–25)

כִּתְבוּ אוֹתָם **וְצִבְעוּ** אוֹתָם.

לִקְרֹא שׁוּב... לְסַכֵּם... פְּסוּקִים א׳-ל״ג

1 בְּסִפּוּר זֶה יֵשׁ 3 חֲלָקִים.

כִּתְבוּ כּוֹתֶרֶת לְכָל חֵלֶק.

פְּסוּקִים א׳–ט׳: ______

פְּסוּקִים י׳–ט״ו: ______

פְּסוּקִים ט״ז–ל״ג: ______

2 מִי אוֹמֵר? (ה׳, הָאוֹרְחִים, שָׂרָה, אַבְרָהָם)

אַחֲרֵי בְלֹתִי הָיְתָה-לִּי עֶדְנָה ______

לַמּוֹעֵד אָשׁוּב אֵלֶיךָ כָּעֵת חַיָּה וּלְשָׂרָה בֵן ______ הָאוֹרְחִים

הַמְכַסֶּה אֲנִי מֵאַבְרָהָם אֲשֶׁר אֲנִי עֹשֶׂה? ______

אֵרְדָה–נָּא וְאֶרְאֶה הַכְּצַעֲקָתָהּ... ______

הַאַף תִּסְפֶּה צַדִּיק עִם–רָשָׁע?! ______

חָלִלָה לְּךָ מֵעֲשֹׂת כַּדָּבָר הַזֶּה ______

הֲשֹׁפֵט כָּל–הָאָרֶץ לֹא יַעֲשֶׂה מִשְׁפָּט?! ______

לֹא אַשְׁחִית בַּעֲבוּר... ______

3 הַשְׁלִימוּ:

לוּא הֵבַנְתִּי...
לוּ הָיָה בִּסְדוֹם רַק צַדִּיק אֶחָד...
רָצִיתִי לִשְׁאוֹל אֶת אַבְרָהָם...
לוּ הַמּוֹרָה הָיְתָה מַעֲנִישָׁה אֶת כָּל הַיְּלָדִים בַּכִּתָּה בִּגְלַל שְׁלֹשָׁה יְלָדִים, הָיִיתִי...

פָּרָשַׁת וַיֵּרָא

הַמַּלְאָכִים בָּאִים אֶל לוֹט

פֶּרֶק י"ט פְּסוּקִים א'–ג'

א' וַיָּבֹאוּ שְׁנֵי הַמַּלְאָכִים סְדֹמָה בָּעֶרֶב
וְלוֹט יֹשֵׁב בְּשַׁעַר[1]-סְדֹם,
וַיַּרְא-לוֹט וַיָּקָם לִקְרָאתָם
וַיִּשְׁתַּחוּ אַפַּיִם אָרְצָה[2].

ב' וַיֹּאמֶר: "הִנֶּה-נָּא אֲדֹנַי
סוּרוּ נָא[3] אֶל-בֵּית עַבְדְּכֶם
וְלִינוּ[4] וְרַחֲצוּ רַגְלֵיכֶם
וְהִשְׁכַּמְתֶּם[5] וַהֲלַכְתֶּם לְדַרְכְּכֶם,"
וַיֹּאמְרוּ: "לֹּא, כִּי בָרְחוֹב נָלִין[6]."

ג' וַיִּפְצַר[7]-בָּם מְאֹד
וַיָּסֻרוּ אֵלָיו וַיָּבֹאוּ אֶל-בֵּיתוֹ,
וַיַּעַשׂ לָהֶם מִשְׁתֶּה[8]
וּמַצּוֹת אָפָה
וַיֹּאכֵלוּ.

1 **בְּשַׁעַר:** בַּכְּנִיסָה לָעִיר. (in the gateway)

2 **וַיִּשְׁתַּחוּ אַפַּיִם אָרְצָה:** הִשְׁתַּחֲוָה לִפְנֵיהֶם.

3 **סוּרוּ נָא:** הִכָּנְסוּ. (turn aside)

4 **וְלִינוּ** (ל-ו-נ): spend the night

5 **וְהִשְׁכַּמְתֶּם:** תָּקוּמוּ מֻקְדָּם בַּבֹּקֶר.

6 **נָלִין** (ל-ו-נ): נָלוּן, נִישַׁן.

7 **וַיִּפְצַר:** insisted

8 **מִשְׁתֶּה:** אֲרוּחָה חֲגִיגִית. (banquet)

לִקְרֹא... לִמְצֹא... לְהַשְׁלִים... פְּסוּקִים א׳-ג׳

1 **כִּתְבוּ** בִּלְשׁוֹן הַתּוֹרָה: (פָּסוּק א׳)

אֵיפֹה לוֹט יוֹשֵׁב? הוּא יוֹשֵׁב "__________ __________."

מָתַי? "__________."

2 מִי מְדַבֵּר? (הַמְּסַפֵּר, לוֹט, הַמַּלְאָכִים) (פְּסוּקִים א׳-ב׳)

בְּפָסוּק א׳ __________ מְדַבֵּר.

בְּפָסוּק ב׳ __________ וְ__________ מְדַבְּרִים.

3 **כִּתְבוּ** בִּלְשׁוֹן הַתּוֹרָה (פָּסוּק א׳):

לוֹט רוֹאֶה אֶת הַמַּלְאָכִים וּמִשְׁתַּחֲוֶה: "__________ __________

__________."

4 לוֹט מַזְמִין אֶת הָאוֹרְחִים לַעֲשׂוֹת כַּמָּה דְּבָרִים. (פָּסוּק ב׳)

סַמְּנוּ אוֹתָם בְּעַמּוּד 32 בְּצֶבַע כָּחֹל.

5 **סַמְּנוּ** בְּעַמּוּד 32 בְּצֶבַע יָרֹק אֶת הַתְּשׁוּבָה שֶׁל הַמַּלְאָכִים לְלוֹט.

6 **סַמְּנוּ** ✓ עַל יַד הַתְּשׁוּבָה הַנְּכוֹנָה:

הַמַּלְאָכִים ☐ מְקַבְּלִים / ☐ לֹא מְקַבְּלִים — אֶת הַהַזְמָנָה שֶׁל לוֹט.

7 **הַשְׁלִימוּ:** הַמַּלְאָכִים רוֹצִים לִישׁוֹן בָּ___________.

8 **כִּתְבוּ** בִּלְשׁוֹן הַתּוֹרָה: (פָּסוּק ג׳)

- לוֹט מְבַקֵּשׁ מְאֹד מֵהַמַּלְאָכִים שֶׁיָּבוֹאוּ אֶל בֵּיתוֹ:

"___________ ___________ ___________."

- הַמַּלְאָכִים בָּאִים אֶל בֵּיתוֹ: "וַיָּסֻרוּ ___________."
- לוֹט מְאָרֵחַ אֶת הַמַּלְאָכִים:

"וַיַּעַשׂ ___________ ___________ ___________ ___________

___________."

9 **הַשְׁלִימוּ:**

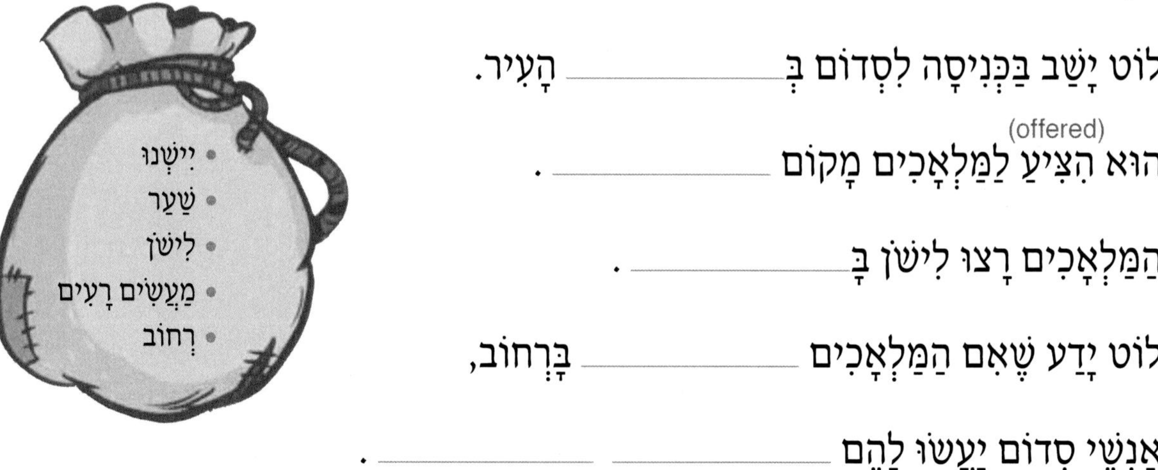

לוֹט יָשַׁב בַּכְּנִיסָה לִסְדוֹם בְּ___________ הָעִיר.

הוּא הִצִּיעַ לַמַּלְאָכִים מָקוֹם ___________. (offered)

הַמַּלְאָכִים רָצוּ לִישׁוֹן בָּ___________.

לוֹט יָדַע שֶׁאִם הַמַּלְאָכִים ___________ בָּרְחוֹב,

אַנְשֵׁי סְדוֹם יַעֲשׂוּ לָהֶם ___________ ___________.

10 **קִרְאוּ** בְּבַקָּשָׁה וְאַחַר כָּךְ **הַשְׁלִימוּ** אֶת הַטַּבְלָה שֶׁבְּעַמּוּד 36.

אַבְרָהָם מַכְנִיס אוֹרְחִים (פֶּרֶק י״ח)

א׳ וַיֵּרָא אֵלָיו ה׳ בְּאֵלֹנֵי מַמְרֵא,
וְהוּא יֹשֵׁב פֶּתַח-הָאֹהֶל כְּחֹם הַיּוֹם.

ב׳ וַיִּשָּׂא עֵינָיו וַיַּרְא
וְהִנֵּה שְׁלֹשָׁה אֲנָשִׁים נִצָּבִים עָלָיו,
וַיַּרְא וַיָּרָץ לִקְרָאתָם מִפֶּתַח הָאֹהֶל
וַיִּשְׁתַּחוּ אָרְצָה.

ג׳ וַיֹּאמַר: "אֲדֹנָי,
אִם-נָא מָצָאתִי חֵן בְּעֵינֶיךָ
אַל-נָא תַעֲבֹר מֵעַל עַבְדֶּךָ.

ד׳ יֻקַּח-נָא מְעַט-מַיִם
וְרַחֲצוּ רַגְלֵיכֶם
וְהִשָּׁעֲנוּ תַּחַת הָעֵץ.

ה׳ וְאֶקְחָה פַת-לֶחֶם
וְסַעֲדוּ לִבְּכֶם
אַחַר תַּעֲבֹרוּ
כִּי-עַל-כֵּן עֲבַרְתֶּם עַל-עַבְדְּכֶם,"
וַיֹּאמְרוּ: "כֵּן תַּעֲשֶׂה כַּאֲשֶׁר דִּבַּרְתָּ."

לוֹט מַכְנִיס אוֹרְחִים (פֶּרֶק י״ט)

א׳ וַיָּבֹאוּ שְׁנֵי הַמַּלְאָכִים סְדֹמָה בָּעֶרֶב
וְלוֹט יֹשֵׁב בְּשַׁעַר-סְדֹם

וַיַּרְא-לוֹט וַיָּקָם לִקְרָאתָם
וַיִּשְׁתַּחוּ אַפַּיִם אָרְצָה.

ב׳ וַיֹּאמֶר: "הִנֶּה-נָּא אֲדֹנַי

סוּרוּ נָא אֶל-בֵּית עַבְדְּכֶם

וְלִינוּ וְרַחֲצוּ רַגְלֵיכֶם

וְהִשְׁכַּמְתֶּם וַהֲלַכְתֶּם לְדַרְכְּכֶם,"

וַיֹּאמְרוּ: "לֹּא, כִּי בָרְחוֹב נָלִין."

הַשְׁלִימוּ בִּלְשׁוֹן הַתּוֹרָה אוֹ בִּלְשׁוֹנֵנוּ.

	אַבְרָהָם	**לוֹט**
אֵיפֹה הוּא גָּר?	בְּאֵלֹנֵי מַמְרֵא	
אֵיפֹה הוּא יוֹשֵׁב?		בְּשַׁעַר הָעִיר
מָתַי?		
מָה הוּא רוֹאֶה?		שְׁנֵי מַלְאָכִים
אֵיךְ הוּא מַזְמִין?	**"...אַל נָא תַעֲבֹר מֵעַל עַבְדֶּךָ."**	
מָה הָאוֹרְחִים אוֹמְרִים?		

11 **קִרְאוּ** אֶת הַפְּסוּקִים בָּעַמּוּד הַבָּא.

12 **סַמְּנוּ** בְּצֶבַע צָהֹב:

- אֶת הַפְּעֻלּוֹת שֶׁל אַבְרָהָם.
- אֶת הַפְּעֻלּוֹת שֶׁל לוֹט.

13 אַבְרָהָם עוֹשֶׂה ________ פְּעֻלּוֹת, וְלוֹט עוֹשֶׂה ________ פְּעֻלּוֹת.

14 **סַמְּנוּ** בְּצֶבַע וָרֹד אֶת הַדְּמֻיּוֹת שֶׁמְּכִינוֹת אֶת הָאֹכֶל:

- אֵצֶל אַבְרָהָם.
- אֵצֶל לוֹט.

אַבְרָהָם (פֶּרֶק י"ח):

ו' וַיְמַהֵר אַבְרָהָם הָאֹהֱלָה אֶל-שָׂרָה
וַיֹּאמֶר: "מַהֲרִי שְׁלֹשׁ סְאִים קֶמַח סֹלֶת
לוּשִׁי וַעֲשִׂי עֻגוֹת."

ז' וְאֶל-הַבָּקָר רָץ אַבְרָהָם,
וַיִּקַּח בֶּן-בָּקָר רַךְ וָטוֹב
וַיִּתֵּן אֶל-הַנַּעַר
וַיְמַהֵר לַעֲשׂוֹת אֹתוֹ.

ח' וַיִּקַּח חֶמְאָה וְחָלָב
וּבֶן-הַבָּקָר אֲשֶׁר עָשָׂה
וַיִּתֵּן לִפְנֵיהֶם.

לוֹט (פֶּרֶק י"ט):

ג' ...וַיַּעַשׂ לָהֶם מִשְׁתֶּה
וּמַצּוֹת אָפָה
וַיֹּאכֵלוּ.

15 מִי מֵכִין אֶת הָאֹכֶל בְּסִפּוּר אַבְרָהָם? ____________

16 מִי מֵכִין אֶת הָאֹכֶל בְּסִפּוּר לוֹט? ____________

17 **סַמְּנוּ** בַּפְּסוּקִים בְּעַמּוּד זֶה – בְּצֶבַע יָרֹק:

- אֶת מָה שֶׁאַבְרָהָם הֵכִין לָאוֹרְחִים שֶׁלּוֹ.
- אֶת מָה שֶׁלּוֹט הֵכִין לָאוֹרְחִים שֶׁלּוֹ.

18 **הַקִּיפוּ** בְּמַעְגָּל בְּעַמּוּד 37 אֶת כָּל הַמִּלִּים שֶׁמַּרְאוֹת שֶׁאַבְרָהָם הֵכִין אֶת הָאֹכֶל מַהֵר מְאֹד.

הַמִּלִּים הֵן: ________ ; ________ ; ________ .

19 **כִּתְבוּ**: אַבְרָהָם אוֹ לוֹט?

- אוֹמֵר מְעַט וְעוֹשֶׂה הַרְבֵּה: ________
- אוֹמֵר מְעַט וְעוֹשֶׂה מְעַט: ________
- הַרְבֵּה אֲנָשִׁים עוֹזְרִים לוֹ לְהָכִין אֶת הָאֲרוּחָה: אַבְרָהָם
- רַק הוּא מֵכִין אֶת הָאֲרוּחָה: ________

20 מִי מַכְנִיס אוֹרְחִים יוֹתֵר יָפֶה? **סַמְּנוּ** ✓: ☐ אַבְרָהָם ☐ לוֹט

כִּי ____

21 **כִּתְבוּ** אֶת הַשֵּׁם הַמַּתְאִים:

מַכְנִיס אוֹרְחִים ________

מַכְנִיס אוֹרְחִים ________

22 **בַּחֲרוּ** אַחַת מִן הַפְּעִילֻיּוֹת הָאֵלֶּה:

- **צַיְּרוּ** צִיּוּרִים שֶׁמַּרְאִים אֶת מָה שֶׁכָּתוּב בִּבְרֵאשִׁית פֶּרֶק י"ח פְּסוּקִים א'–ב', וּפֶרֶק י"ט פָּסוּק א'. חִשְׁבוּ עַל הַצְּבָעִים הַמַּתְאִימִים לְכָל צִיּוּר.
- **הָכִינוּ** שְׁתֵּי דִיאוֹרָמוֹת (dioramas): 1. אַבְרָהָם יוֹשֵׁב בְּפֶתַח הָאֹהֶל.

  2. לוֹט יוֹשֵׁב בְּשַׁעַר הָעִיר.
- **כִּתְבוּ** מַחֲזֶה עַל הַפְּגִישָׁה בֵּין לוֹט לַמַּלְאָכִים. **הַצִּיגוּ** אֶת הַמַּחֲזֶה.

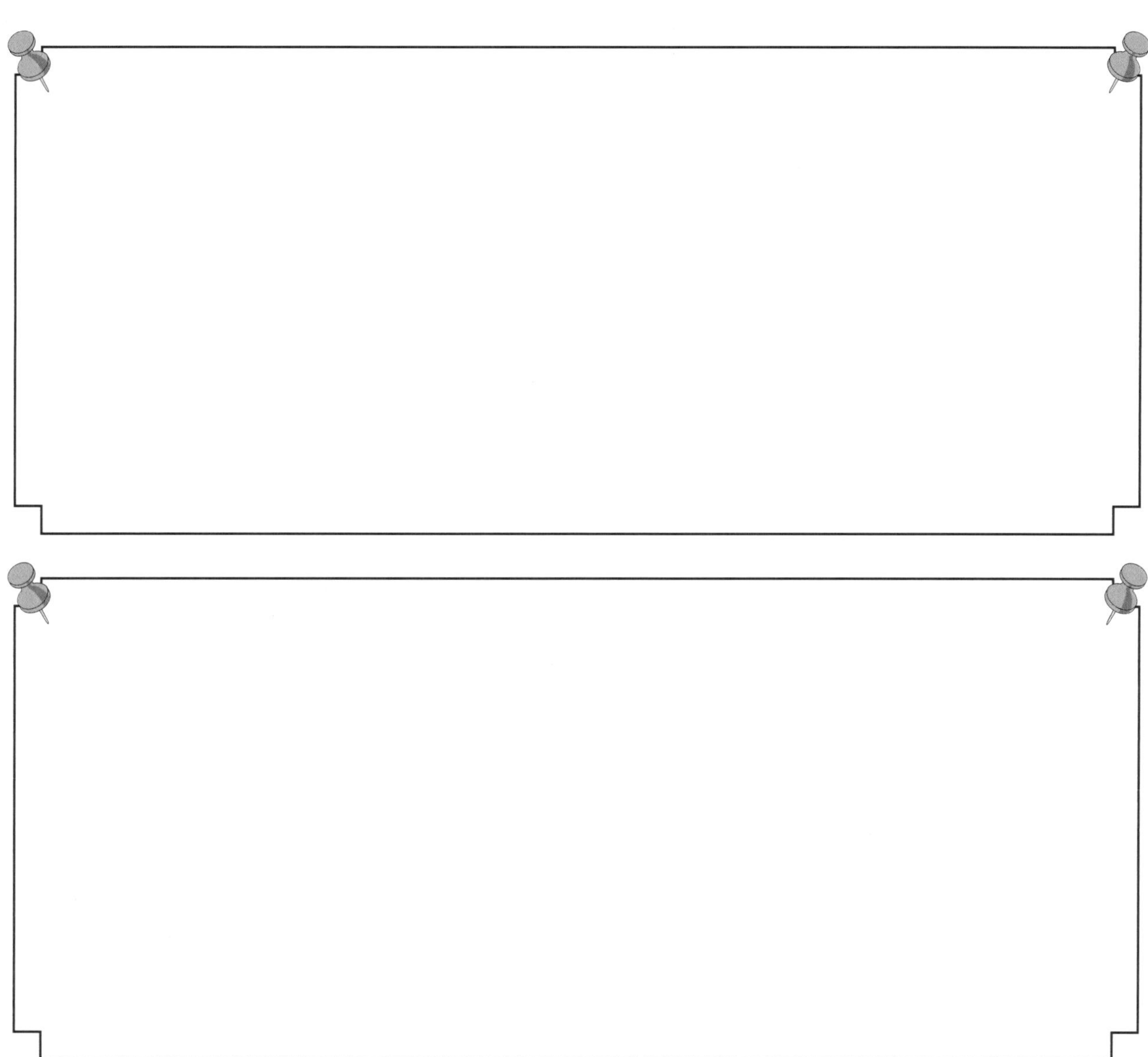

אַנְשֵׁי סְדוֹם עוֹמְדִים מִסָּבִיב לַבַּיִת שֶׁל לוֹט

פֶּרֶק י״ט פְּסוּקִים ד׳–ט׳

ד׳ טֶרֶם יִשְׁכָּבוּ[1]
וְאַנְשֵׁי הָעִיר אַנְשֵׁי סְדֹם
נָסַבּוּ[2] עַל-הַבַּיִת
מִנַּעַר וְעַד-זָקֵן,
כָּל-הָעָם מִקָּצֶה[3].

ה׳ וַיִּקְרְאוּ[4] אֶל-לוֹט וַיֹּאמְרוּ לוֹ:
״אַיֵּה[5] הָאֲנָשִׁים אֲשֶׁר-בָּאוּ אֵלֶיךָ הַלָּיְלָה?
הוֹצִיאֵם[6] אֵלֵינוּ וְנֵדְעָה אֹתָם[7].״

ו׳ וַיֵּצֵא אֲלֵהֶם לוֹט הַפֶּתְחָה,
וְהַדֶּלֶת סָגַר אַחֲרָיו.

ז׳ וַיֹּאמַר: ״אַל-נָא אַחַי תָּרֵעוּ[8].

ח׳ הִנֵּה-נָא לִי שְׁתֵּי בָנוֹת אֲשֶׁר לֹא-יָדְעוּ אִישׁ,
אוֹצִיאָה-נָּא אֶתְהֶן אֲלֵיכֶם
וַעֲשׂוּ לָהֶן כַּטּוֹב בְּעֵינֵיכֶם,
רַק לָאֲנָשִׁים הָאֵל[9] אַל-תַּעֲשׂוּ דָבָר
כִּי-עַל-כֵּן בָּאוּ בְּצֵל קֹרָתִי[10].״

1 **טֶרֶם יִשְׁכָּבוּ:** לִפְנֵי שֶׁשָּׁכְבוּ לִישֹׁן.

2 **נָסַבּוּ** (ס-ב-ב): surrounded

3 **כָּל-הָעָם מִקָּצֶה:** כָּל אַנְשֵׁי סְדוֹם כֻּלָּם.

4 **וַיִּקְרְאוּ** (ק-ר-א): הֵם קָרְאוּ.

5 **אַיֵּה:** אֵיפֹה.

6 **הוֹצִיאֵם** (י-צ-א): תּוֹצִיא אוֹתָם. (take them out)

7 **וְנֵדְעָה אֹתָם** (י-ד-ע): נַעֲשֶׂה לָהֶם מַעֲשִׂים רָעִים.

8 **אַל-נָא אַחַי תָּרֵעוּ:** אַחַי, בְּבַקָּשָׁה, אַל תַּעֲשׂוּ מַעֲשֶׂה רַע.

9 **הָאֵל:** הָאֵלֶּה.

10 **בָּאוּ בְּצֵל קֹרָתִי:** הֵם הָאוֹרְחִים שֶׁלִּי.
בְּצֵל קֹרָתִי: in the shadow of my roof-beam

ט׳ וַיֹּאמְרוּ: ״גֶּשׁ-הָלְאָה[11].״
וַיֹּאמְרוּ: ״הָאֶחָד בָּא-לָגוּר וַיִּשְׁפֹּט שָׁפוֹט[12]?!
עַתָּה[13] נָרַע לְךָ מֵהֶם[14],״
וַיִּפְצְרוּ בָאִישׁ בְּלוֹט מְאֹד
וַיִּגְּשׁוּ[15] לִשְׁבֹּר הַדָּלֶת.

[11] **גֶּשׁ-הָלְאָה** (נ-ג-ש): זוּז מִפֹּה. (move aside!)

[12] **וַיִּשְׁפֹּט שָׁפוֹט:** (ש-פ-ט) he judges

[13] **עַתָּה:** עַכְשָׁו.

[14] **נָרַע לְךָ מֵהֶם:** נַעֲשֶׂה לְךָ רַע.

[15] **וַיִּגְּשׁוּ** (נ-ג-ש): הֵם נִגְּשׁוּ, הִתְקָרְבוּ. (moved forward)

לִקְרֹא... לִמְצֹא... לְהַשְׁלִים... פְּסוּקִים ד׳-ט׳

1 בִּפְסוּקִים ד׳–ט׳ (עַמּוּדִים 40–41) – מִי אוֹמֵר? (הַמְסַפֵּר, לוֹט, אַנְשֵׁי סְדוֹם)

פָּסוּק ד׳: הַמְסַפֵּר פָּסוּק ה׳: ______

פָּסוּק ו׳: ______ פָּסוּק ז׳: ______

פָּסוּק ח׳: ______

פָּסוּק ט׳: ______ וְ ______

2 מִי עָמַד סְבִיב בֵּיתוֹ שֶׁל לוֹט? (פָּסוּק ד׳)

______

3 מָה הֵן הַמִּלִּים שֶׁמַּרְאוֹת שֶׁכָּל הָאֲנָשִׁים בִּסְדוֹם סָבְבוּ (surrounded) אֶת הַבַּיִת?

" אַנְשֵׁי ______ ______ .

______ הָעָם ______ ."

לַחְשֹׁב... לְהָבִין... לְהַרְגִּישׁ... פְּסוּקִים ד׳-ט׳

4 לְדַעְתְּכֶם, לְמִי הָיָה יוֹתֵר קָשֶׁה לְקַבֵּל אוֹרְחִים? **סַמְּנוּ** ✓ : ☐ לְאַבְרָהָם ☐ לְלוֹט

כִּי ______

5 הַאִם הַמַּלְאָכִים צְרִיכִים לְפַחֵד מֵאַנְשֵׁי סְדוֹם? **סַמְּנוּ** ✓ : ☐ כֵּן ☐ לֹא

כִּי ______ .

ה' מַעֲנִישׁ אֶת אַנְשֵׁי סְדוֹם

פֶּרֶק י"ט פְּסוּקִים י'–י"ד

י' וַיִּשְׁלְחוּ הָאֲנָשִׁים אֶת-יָדָם[1]
וַיָּבִיאוּ[2] אֶת-לוֹט אֲלֵיהֶם הַבָּיְתָה,
וְאֶת-הַדֶּלֶת סָגָרוּ.

י"א וְאֶת-הָאֲנָשִׁים אֲשֶׁר-פֶּתַח הַבַּיִת
הִכּוּ בַּסַּנְוֵרִים[3] מִקָּטֹן וְעַד-גָּדוֹל
וַיִּלְאוּ[4] לִמְצֹא הַפָּתַח[5].

י"ב וַיֹּאמְרוּ הָאֲנָשִׁים אֶל-לוֹט:
"עֹד מִי-לְךָ פֹה?
חָתָן[6] וּבָנֶיךָ וּבְנֹתֶיךָ וְכֹל אֲשֶׁר-לְךָ בָּעִיר,
הוֹצֵא[7] מִן-הַמָּקוֹם.

י"ג כִּי-מַשְׁחִתִים[8] אֲנַחְנוּ אֶת-הַמָּקוֹם הַזֶּה,
כִּי-גָדְלָה צַעֲקָתָם[9] אֶת-פְּנֵי ה'[10]
וַיְשַׁלְּחֵנוּ[11] ה' לְשַׁחֲתָהּ."

1 **וַיִּשְׁלְחוּ... אֶת-יָדָם** (ש-ל-ח):
they stretched out their hands .

2 **וַיָּבִיאוּ** (ב-ו-א): הֵם הֵבִיאוּ.
(they brought)

3 **הִכּוּ בַּסַּנְוֵרִים:**
they struck with blinding light

4 **וַיִּלְאוּ:** לֹא יָכְלוּ.

5 **הַפָּתַח:** הַדֶּלֶת.

6 **חָתָן:** son-in-law

7 **הוֹצֵא** (י-צ-א): take out

8 **מַשְׁחִתִים:** destroy

9 **צַעֲקָתָם** (צ-ע-ק): הַצְּעָקָה שֶׁלָּהֶם.
(their scream)

10 **פְּנֵי ה':**
the presence of God

11 **וַיְשַׁלְּחֵנוּ** (ש-ל-ח): הוּא שָׁלַח אוֹתָנוּ.

י״ד וַיֵּצֵא לוֹט וַיְדַבֵּר אֶל-חֲתָנָיו לֹקְחֵי בְנֹתָיו וַיֹּאמֶר:
״קוּמוּ צְּאוּ מִן-הַמָּקוֹם הַזֶּה
כִּי מַשְׁחִית ה׳ אֶת-הָעִיר.״
וַיְהִי כִמְצַחֵק[12] בְּעֵינֵי חֲתָנָיו.

[12] **כִּמְצַחֵק:** like someone who is joking

לִקְרֹא... לִמְצֹא... לְהַשְׁלִים... פְּסוּקִים י׳-י״ד

1 **סַמְּנוּ** בְּעַמּוּדִים 43–44 בְּצֶבַע צָהֹב אֶת הַמִּלִּים מִן הַשֹּׁרֶשׁ **י-צ-א**.

(disappears)

שִׂימוּ לֵב: לֹא תָּמִיד רוֹאִים אֶת כָּל אוֹתִיּוֹת הַשֹּׁרֶשׁ. לִפְעָמִים אוֹת אַחַת נֶעֱלֶמֶת.

מְצָאתֶם ______ מִלִּים.

2 **הַשְׁלִימוּ:**

- הִכּוּ בַּסַּנְוֵרִים
- לָצֵאת
- בַּיִת
- לְהוֹצִיא

הַמַּלְאָכִים ______ ______ אֶת כָּל מִי שֶׁעָמַד

בְּפֶתַח הַ______ שֶׁל לוֹט.

הַמַּלְאָכִים אוֹמְרִים לְלוֹט ______ אֶת כָּל מִשְׁפַּחְתּוֹ.

(sons-in-law)

לוֹט אוֹמֵר לַחֲתָנָיו ______ מִן הָעִיר.

(explain)

3 הָאֲנָשִׁים מַסְבִּירִים לְלוֹט לָמָּה הוּא צָרִיךְ לְהוֹצִיא אֶת מִשְׁפַּחְתּוֹ מִן הָעִיר. (פָּסוּק י״ג)

כִּתְבוּ בִּלְשׁוֹנֵנוּ:

כִּי ______

כִּי ______

כִּי ______

4 לְדַעְתְּכֶם, הַאִם לְאַנְשֵׁי סְדוֹם מַגִּיעַ עֹנֶשׁ? **סַמְּנוּ** ✓ : ☐ כֵּן ☐ לֹא

כִּי ______.

לַחְשֹׁב... לְהָבִין... לְהַרְגִּישׁ... פְּסוּקִים י׳-י״ד

5 לָמָּה לְדַעְתְּכֶם חֲתָנָיו שֶׁל לוֹט צוֹחֲקִים? ______________________________

____.

6 מִלִּים מִן הַשֹּׁרֶשׁ **ש-ח-ת** מוֹפִיעוֹת בְּפָסוּק זֶה:

כִּי-מַשְׁחִתִים אֲנַחְנוּ אֶת-הַמָּקוֹם הַזֶּה,
כִּי-גָדְלָה צַעֲקָתָם אֶת-פְּנֵי ה׳
וַיְשַׁלְּחֵנוּ ה׳ לְשַׁחֲתָהּ. (פֶּרֶק י״ט פָּסוּק י״ג)

הַשְׁלִימוּ: הַפָּרָשָׁה הִיא ____________ ____________.

אֱ-לֹהִים יַשְׁחִית עוֹד מְעַט אֶת ____________.

(to save)
הָאֲנָשִׁים רוֹצִים לְהַצִּיל אֶת ____________.

"הַד" מִסִּפּוּר אַחֵר

7 מִלָּה מִן הַשֹּׁרֶשׁ **ש-ח-ת** מוֹפִיעָה גַּם בְּפָרָשָׁה אַחֶרֶת.

...כִּי מָלְאָה הָאָרֶץ חָמָס מִפְּנֵיהֶם
וְהִנְנִי מַשְׁחִיתָם אֶת הָאָרֶץ.
(בְּרֵאשִׁית פֶּרֶק ו׳ פָּסוּק י״ג)

הַשְׁלִימוּ: הַפָּרָשָׁה הִיא ____________ ____________.

אֱ-לֹהִים יַשְׁחִית עוֹד מְעַט אֶת ____________.

הָאֲנָשִׁים רוֹצִים לְהַצִּיל אֶת ____________.

ה׳ מַשְׁחִית אֶת סְדוֹם וַעֲמֹרָה

פֶּרֶק י״ט פְּסוּקִים כ״ד–כ״ט

כ״ד וַה׳ הִמְטִיר[1] עַל-סְדֹם וְעַל-עֲמֹרָה גָּפְרִית[2] וָאֵשׁ,
מֵאֵת ה׳ מִן-הַשָּׁמָיִם.

כ״ה וַיַּהֲפֹךְ[3] אֶת-הֶעָרִים הָאֵל וְאֵת כָּל-הַכִּכָּר,
וְאֵת כָּל-יֹשְׁבֵי הֶעָרִים וְצֶמַח הָאֲדָמָה.

כ״ו וַתַּבֵּט[4] אִשְׁתּוֹ מֵאַחֲרָיו[5],
וַתְּהִי[6] נְצִיב[7] מֶלַח.

1 **הִמְטִיר:** הוֹרִיד כְּמוֹ מָטָר (גֶּשֶׁם).

2 **גָּפְרִית:** sulfur

3 **וַיַּהֲפֹךְ** (ה-פ-כ): הָפַךְ.
overturned (destroyed)

4 **וַתַּבֵּט** (נ-ב-ט): הִיא הִסְתַּכְּלָה.
(she looked)

5 **מֵאַחֲרָיו:** from behind him

6 **וַתְּהִי** (ה-י-ה): she became

7 **נְצִיב:** a pillar

״וַתַּבֵּט אִשְׁתּוֹ מֵאַחֲרָיו,
וַתְּהִי נְצִיב מֶלַח.״

צִיּוּר שֶׁל הַצַּיָּר הַצָּרְפָתִי
Gustave Doré
שֶׁחַי לִפְנֵי 150 שָׁנִים בְּעֵרֶךְ.

כ"ז וַיַּשְׁכֵּם[8] אַבְרָהָם בַּבֹּקֶר,
אֶל-הַמָּקוֹם אֲשֶׁר-עָמַד שָׁם
אֶת-פְּנֵי ה'[9].

כ"ח וַיַּשְׁקֵף[10] עַל-פְּנֵי סְדֹם וַעֲמֹרָה
וְעַל-כָּל-פְּנֵי אֶרֶץ הַכִּכָּר[11],
וַיַּרְא וְהִנֵּה עָלָה קִיטֹר[12] הָאָרֶץ
כְּקִיטֹר הַכִּבְשָׁן[13].

כ"ט וַיְהִי בְּשַׁחֵת[14] אֱלֹהִים אֶת-עָרֵי הַכִּכָּר
וַיִּזְכֹּר[15] אֱ-לֹהִים אֶת-אַבְרָהָם,
וַיְשַׁלַּח[16] אֶת-לוֹט מִתּוֹךְ הַהֲפֵכָה[17]
בַּהֲפֹךְ אֶת-הֶעָרִים אֲשֶׁר-יָשַׁב בָּהֵן לוֹט.

8 **וַיַּשְׁכֵּם:** got up early
9 **פְּנֵי ה':** the presence of God
10 **וַיַּשְׁקֵף** (ש-ק-פ): he looked toward
11 **הַכִּכָּר:** the plain
12 **קִיטֹר:** smoke
13 **הַכִּבְשָׁן:** the furnace
14 **בְּשַׁחֵת:** when he destroyed
15 **וַיִּזְכֹּר** (ז-כ-ר): הוּא זָכַר.
16 **וַיְשַׁלַּח** (ש-ל-ח): he removed
17 **הֲפֵכָה:** upheaval

"וַיַּשְׁקֵף [אַבְרָהָם] עַל-פְּנֵי סְדֹם וַעֲמֹרָה..."

ציּוּר שֶׁל הַצַּיָּר **אַבֵּל פַּן** שֶׁחַי לִפְנֵי 50 שָׁנִים בְּעֵרֶךְ.

1 **סַמְּנוּ** בְּעַמּוּדִים 47–48 בְּצֶבַע צָהֹב אֶת כָּל הַמִּלִּים מִן הַשֹּׁרֶשׁ **ה-פ-כ**.

2 הַמִּלִּים מִן הַשֹּׁרֶשׁ **ה-פ-כ** הֵן כְּמוֹ מִסְגֶּרֶת לַסִּפּוּר.

בַּהַתְחָלַת הַסִּפּוּר – בְּפָסוּק ________ .

בְּסוֹף הַסִּפּוּר – בְּפָסוּק ________ .

3

וַיַּהֲפֹךְ

צַיְּרוּ אֶת הַנּוֹשֵׂא שֶׁבִּפְסוּקִים כ"ד-כ"ט:

הֲפֵכָה **בַּהֲפֹךְ**

4 **קִרְאוּ:**

לוֹט בָּחַר לָגוּר בִּסְדוֹם.

בְּפָרָשַׁת **"לֶךְ לְךָ"** כָּתוּב:

וַיִּשָּׂא-לוֹט אֶת עֵינָיו
וַיַּרְא אֶת-כָּל-כִּכַּר הַיַּרְדֵּן
כִּי כֻלָּהּ מַשְׁקֶה... כְּגַן-ה'...
(פֶּרֶק י"ג פָּסוּק י')

Lot looked about him and saw
how well watered was the whole plain
of the Jordan, all of it...
like the garden of the God...

אַחֲרֵי מַהְפֵּכַת סְדוֹם וַעֲמוֹרָה

כָּתוּב:

וַיַּשְׁקֵף [אַבְרָהָם] עַל-פְּנֵי סְדֹם וַעֲמֹרָה
וְעַל-כָּל-פְּנֵי אֶרֶץ הַכִּכָּר,
וַיַּרְא וְהִנֵּה עָלָה קִיטֹר הָאָרֶץ...
(פֶּרֶק י"ט פָּסוּק כ"ח)

5 **הַשְׁלִימוּ** אֶת הַשֵּׁמוֹת:

© דובי טל, מוני הרמתי – אלבטרוס

מִי רָאָה מָקוֹם כָּזֶה?

.______________

© חנן ישכר/ASAP

מִי רָאָה מָקוֹם כָּזֶה?

.______________

6 אַחֲרֵי מַהְפֵּכַת סְדוֹם וַעֲמוֹרָה:

7 **שַׁאֲלוּ** אֶת הַהוֹרִים שֶׁלָּכֶם מָה הֵם חוֹשְׁבִים עַל סִפּוּר סְדוֹם וַעֲמֹרָה, **וְכִתְבוּ**.

פָּרָשַׁת וַיֵּרָא

פֶּרֶק כ"א פְּסוּקִים א'–ח'

א' וַה' פָּקַד[1] אֶת-שָׂרָה כַּאֲשֶׁר אָמָר,
וַיַּעַשׂ ה' לְשָׂרָה כַּאֲשֶׁר דִּבֵּר.

ב' וַתַּהַר[2] וַתֵּלֶד[3] שָׂרָה לְאַבְרָהָם בֵּן לִזְקֻנָיו[4],
לַמּוֹעֵד[5] אֲשֶׁר-דִּבֶּר אֹתוֹ אֱ-לֹהִים.

ג' וַיִּקְרָא אַבְרָהָם אֶת-שֶׁם-בְּנוֹ הַנּוֹלַד-לוֹ
אֲשֶׁר-יָלְדָה-לּוֹ שָׂרָה, יִצְחָק.

1 **פָּקַד:** זָכַר.

2 **וַתַּהַר:** הָיְתָה בְּהֵרָיוֹן. (pregnant)

3 **וַתֵּלֶד:** נוֹלַד לָהּ יֶלֶד.

4 **לִזְקֻנָיו** (ז-ק-נ): כַּאֲשֶׁר הוּא הָיָה זָקֵן.

5 **לַמּוֹעֵד:** בַּזְּמַן.

6 **וַיָּמָל** (מ-ו-ל): עָשָׂה לוֹ בְּרִית מִילָה.

7 **כַּאֲשֶׁר:** כְּמוֹ שֶׁ...

8 **וַיִּגָּמַל** (ג-מ-ל): נִגְמַל.
(he was weaned)

9 **מִשְׁתֶּה:** banquet

ד' וַיָּמָל[6] אַבְרָהָם אֶת-יִצְחָק בְּנוֹ בֶּן-שְׁמֹנַת יָמִים,
כַּאֲשֶׁר[7] צִוָּה אֹתוֹ אֱ-לֹהִים.

....

ח' וַיִּגְדַּל הַיֶּלֶד וַיִּגָּמַל[8],
וַיַּעַשׂ אַבְרָהָם מִשְׁתֶּה[9] גָּדוֹל
בְּיוֹם הִגָּמֵל אֶת-יִצְחָק.

לִקְרֹא... לִמְצֹא... לְהַשְׁלִים... פְּסוּקִים א׳-ח׳

1 **הַקִּיפוּ** בְּמַלְבֵּן בְּעַמּוּד 53 אֶת שְׁמוֹת הַדְּמֻיּוֹת.

הַדְּמֻיּוֹת בַּסִּפּוּר הֵן:

____.

2 **סַמְּנוּ** בְּעַמּוּד 53 בְּצֶבַע צָהֹב אֶת כָּל הַמִּלִּים שֶׁהַמִּלָּה **בֵּן** מוֹפִיעָה בָּהֶן.

מְצָאתֶם ________ מִלִּים.

3 מָה אַבְרָהָם עָשָׂה לְיִצְחָק כְּשֶׁהוּא הָיָה בֶּן שְׁמוֹנָה יָמִים? (פָּסוּק ד׳)

____.

4 **כִּתְבוּ** כּוֹתֶרֶת בִּלְשׁוֹנֵנוּ אוֹ בִּלְשׁוֹן הַתּוֹרָה לִפְסוּקִים א׳–ח׳.

____

5 **צַיְּרוּ** אֶת הַמִּשְׁתֶּה שֶׁאַבְרָהָם עָשָׂה כְּשֶׁיִּצְחָק נִגְמַל.

שָׂרָה רוֹצָה לְגָרֵשׁ אֶת הָגָר

פֶּרֶק כ"א פְּסוּקִים ט'-י"ג

ט' וַתֵּרֶא[1] שָׂרָה
אֶת-בֶּן-הָגָר הַמִּצְרִית ____________
אֲשֶׁר-יָלְדָה לְאַבְרָהָם
מְצַחֵק[2].

[1] **וַתֵּרֶא** (ר-א-ה): רָאֲתָה.
[2] **מְצַחֵק:** fooling around
[3] **לֹא יִירַשׁ:** will not inherit

י' וַתֹּאמֶר לְאַבְרָהָם:
"גָּרֵשׁ הָאָמָה הַזֹּאת וְאֶת-בְּנָהּ, ____________
כִּי לֹא יִירַשׁ[3] בֶּן-הָאָמָה הַזֹּאת ____________
עִם-בְּנִי, עִם-יִצְחָק."

י״א וַיֵּרַע[4] הַדָּבָר מְאֹד בְּעֵינֵי אַבְרָהָם,
עַל אוֹדֹת[5] בְּנוֹ.

י״ב וַיֹּאמֶר אֱ-לֹהִים אֶל-אַבְרָהָם:
״אַל-יֵרַע בְּעֵינֶיךָ עַל-הַנַּעַר
וְעַל-אֲמָתֶךָ
כֹּל אֲשֶׁר תֹּאמַר אֵלֶיךָ שָׂרָה
שְׁמַע בְּקֹלָהּ,
כִּי בְיִצְחָק יִקָּרֵא לְךָ זָרַע.

י״ג וְגַם אֶת-בֶּן-הָאָמָה
לְגוֹי אֲשִׂימֶנּוּ[6], כִּי זַרְעֲךָ הוּא[7].״

[4] **וַיֵּרַע:** הָיָה רַע.

[5] **עַל אוֹדֹת:** concerning

[6] **אֲשִׂימֶנּוּ:** אֲנִי אֶעֱשֶׂה אוֹתוֹ.

[7] **זַרְעֲךָ הוּא:** הוּא הַזֶּרַע (הַבֵּן) שֶׁלְּךָ.

1 **הַשְׁלִימוּ** בְּעַמּוּדִים 56–55 אֶת הַשֵּׁם הֶחָסֵר.

אֶת הַשֵּׁם הַזֶּה מְצָאתֶם ______ פְּעָמִים. הַדְּמוּת הַחֲשׁוּבָה בַּפֶּרֶק הִיא ____________ .

2 **כִּתְבוּ** אֶת הַשֵּׁמוֹת:

- שָׂרָה מְבַקֶּשֶׁת מֵאַבְרָהָם לְגָרֵשׁ אֶת ____________ וְאֶת ____________. (פָּסוּק י׳)
- שָׂרָה רוֹצָה שֶׁ ____________ יִהְיֶה הַיּוֹרֵשׁ שֶׁל אַבְרָהָם. (פָּסוּק י׳)

3 (reacts) אֵיךְ מֵגִיב אַבְרָהָם? (פָּסוּק י״א)

הַשְׁלִימוּ בִּלְשׁוֹן הַתּוֹרָה: "____________ ____________ ____________

____________ ____________."

4 **הַשְׁלִימוּ:** ה׳ אוֹמֵר לְאַבְרָהָם (פְּסוּקִים י״ב-י״ג)

שֶׁהוּא לֹא יַרְגִּישׁ ____________ ,

שֶׁיִּשְׁמַע בְּ____________ שָׂרָה,

שֶׁיִּצְחָק יִהְיֶה הַ____________ ,

שֶׁבְּנוֹ יִשְׁמָעֵאל יִהְיֶה לְ____________ .

- קוֹל
- גּוֹי
- יוֹרֵשׁ
- רַע

לַחְשֹׁב... לְהָבִין... לְהַרְגִּישׁ... פְּסוּקִים ט׳-י״ג

5 **כִּתְבוּ** כּוֹתֶרֶת בִּלְשׁוֹנֵנוּ אוֹ בִּלְשׁוֹן הַתּוֹרָה לִפְסוּקִים ט׳-י״ג:

____

6 שָׂרָה אוֹמֶרֶת לְאַבְרָהָם:

גָּרֵשׁ הָאָמָה הַזֹּאת וְאֶת-בְּנָהּ (פָּסוּק י׳)

הַשְׁלִימוּ:

שָׂרָה יְכוֹלָה לוֹמַר:

גָּרֵשׁ אֶת __________ וְאֶת __________.

שָׂרָה לֹא קוֹרֵאת לָהֶם בַּשֵּׁמוֹת שֶׁלָּהֶם כִּי הִיא ______________________________

______________________________.

7 מָה הַבְּעָיָה (problem) שֶׁל שָׂרָה? ______________________________

____

(solution)

8 מָה דַעְתְּכֶם עַל הַפִּתְרוֹן שֶׁל שָׂרָה?

כִּתְבוּ מִכְתָּב לְשָׂרָה.

שָׁלוֹם שָׂרָה,

לְפִי דַּעְתִּי.....

9 מָה לְדַעְתְּכֶם אַבְרָהָם צָרִיךְ לַעֲשׂוֹת? **סַמְּנוּ ✓** :

☐ לְגָרֵשׁ אֶת הָגָר וְיִשְׁמָעֵאל ☐ לֹא לְגָרֵשׁ אֶת הָגָר וְיִשְׁמָעֵאל

כִּתְבוּ מִכְתָּב לְאַבְרָהָם וְסַפְּרוּ לוֹ מָה אַתֶּם חוֹשְׁבִים.

שָׁלוֹם אַבְרָהָם,

אֲנִי חוֹשֵׁב שֶׁ......

אַבְרָהָם שׁוֹלֵחַ אֶת הָגָר וְיִשְׁמָעֵאל

פֶּרֶק כ״א פְּסוּקִים י״ד–כ״א

1	**וַיַּשְׁכֵּם:** הוּא קָם מֻקְדָּם.
2	**וְחֵמַת מַיִם:** skin for holding water
3	**וַתֵּתַע:** תָּעֲתָה. (she lost her way)
4	**וַיִּכְלוּ:** נִגְמְרוּ.
5	**וַתַּשְׁלֵךְ:** הִשְׁלִיכָה, זָרְקָה.
6	**הַשִּׂיחִם:** שִׂיחַ (bush)
7	**הַרְחֵק כִּמְטַחֲוֵי קֶשֶׁת:** a bow-shot away
8	**וַתִּשָּׂא** (נ-ש-א): lifted up (raised)
9	**וַתֵּבְךְּ** (ב-כ-ה): הִיא בָּכְתָה.

י״ד וַיַּשְׁכֵּם[1] אַבְרָהָם בַּבֹּקֶר
וַיִּקַּח-לֶחֶם וְחֵמַת מַיִם[2]
וַיִּתֵּן אֶל-הָגָר שָׂם עַל-שִׁכְמָהּ
וְאֶת-הַיֶּלֶד
וַיְשַׁלְּחֶהָ,
וַתֵּלֶךְ
וַתֵּתַע[3] בְּמִדְבַּר בְּאֵר שָׁבַע.

ט״ו וַיִּכְלוּ[4] הַמַּיִם מִן-הַחֵמֶת,
וַתַּשְׁלֵךְ[5] אֶת-הַיֶּלֶד תַּחַת אַחַד הַשִּׂיחִם[6].

ט״ז וַתֵּלֶךְ וַתֵּשֶׁב לָהּ מִנֶּגֶד
הַרְחֵק כִּמְטַחֲוֵי קֶשֶׁת[7]
כִּי אָמְרָה: ״אַל-אֶרְאֶה בְּמוֹת הַיָּלֶד,״
וַתֵּשֶׁב מִנֶּגֶד וַתִּשָּׂא[8] אֶת-קֹלָהּ
וַתֵּבְךְּ[9].

י״ז וַיִּשְׁמַע אֱ-לֹהִים אֶת קוֹל-הַנַּעַר
וַיִּקְרָא מַלְאַךְ אֱ-לֹהִים אֶל הָגָר מִן-הַשָּׁמַיִם
וַיֹּאמֶר לָהּ: ״מַה לָּךְ הָגָר,
אַל-תִּירְאִי[10]
כִּי-שָׁמַע אֱ-לֹהִים אֶל-קוֹל הַנַּעַר
בַּאֲשֶׁר[11] הוּא-שָׁם.

י״ח קוּמִי שְׂאִי[12] אֶת-הַנַּעַר
וְהַחֲזִיקִי אֶת-יָדֵךְ בּוֹ,
כִּי-לְגוֹי גָּדוֹל אֲשִׂימֶנּוּ[13].״

י״ט וַיִּפְקַח[14] אֱ-לֹהִים אֶת-עֵינֶיהָ
וַתֵּרֶא בְּאֵר מָיִם[15],
וַתֵּלֶךְ וַתְּמַלֵּא[16] אֶת-הַחֵמֶת מַיִם
וַתַּשְׁקְ[17] אֶת-הַנָּעַר.

כ׳ וַיְהִי אֱ-לֹהִים אֶת הַנַּעַר וַיִּגְדָּל,
וַיֵּשֶׁב בַּמִּדְבָּר וַיְהִי רֹבֶה קַשָּׁת[18].

כ״א וַיֵּשֶׁב בְּמִדְבַּר פָּארָן,
וַתִּקַּח-לוֹ אִמּוֹ אִשָּׁה מֵאֶרֶץ מִצְרָיִם.

10 **אַל תִּירְאִי** (י-ר-א): אַל (לֹא) תִּפְחֲדִי.
11 **בַּאֲשֶׁר:** בַּמָּקוֹם שֶׁ...
12 **שְׂאִי** (נ-ש-א): lift up
13 **אֲשִׂימֶנּוּ** (ש-י-מ): אֲנִי אֶעֱשֶׂה אוֹתוֹ.
14 **וַיִּפְקַח:** פָּקַח, פָּתַח.
15 **בְּאֵר מָיִם:** a well
16 **וַתְּמַלֵּא** (מ-ל-א): הִיא מִלְּאָה.
17 **וַתַּשְׁקְ:** הִיא נָתְנָה לוֹ מַיִם לִשְׁתּוֹת.
18 **רֹבֶה קַשָּׁת:** a shooter

לִקְרֹא... לִמְצֹא... לְהַשְׁלִים... פְּסוּקִים י"ד-כ"א

1 **סַמְּנוּ**:

בְּצֶבַע יָרֹק אֶת הַפְּעֻלּוֹת שֶׁעוֹשֶׂה אַבְרָהָם. (בְּעַמּוּד 60)

בְּצֶבַע כָּחֹל אֶת הַפְּעֻלּוֹת שֶׁעוֹשָׂה הָגָר. (בְּעַמּוּדִים 60-61)

2 **הַקִּיפוּ** בְּמַלְבֵּן אֶת הַמִּלִּים: יֶלֶד, נַעַר.

מִי הוּא הַיֶּלֶד, הַנַּעַר? ______________.

3 הַדְּמֻיּוֹת בְּפָסוּק י"ד הֵן: ______________ ______________ ______________.

4 הַדְּמֻיּוֹת בִּפְסוּקִים ט"ו-כ"א הֵן: ______________ ______________ ______________.

5 לָמָּה הָגָר בּוֹכָה? ______________________________

____.

6 **סַמְּנוּ** בְּצֶבַע וָרֹד בְּעַמּוּד 61 בְּפָסוּק י"ז אֶת הַמִּלִּים מִן הַשֹּׁרֶשׁ **ש-מ-ע**.

מִי שׁוֹמֵעַ? ______________.

אֶת מִי הוּא שׁוֹמֵעַ? אֶת ______________.

7 מִי מַצִּיל (save) אֶת יִשְׁמָעֵאל? ______________.

8 **כִּתְבוּ** בִּלְשׁוֹן הַתּוֹרָה מָה יִהְיֶה הֶעָתִיד שֶׁל יִשְׁמָעֵאל. (פָּסוּק י"ח)

(future)

"כִּי ______ ______ ______."

9 **סַדְּרוּ** אֶת הַמִּשְׁפָּטִים לְפִי הַסֵּדֶר.

☐ הָגָר וְיִשְׁמָעֵאל תּוֹעִים בַּמִּדְבָּר, וּבַחֵמֶת שֶׁלָּהֶם אֵין מַיִם.

1 אַבְרָהָם שׁוֹלֵחַ אֶת הָגָר וְאֶת יִשְׁמָעֵאל.

☐ יִשְׁמָעֵאל גָּר בַּמִּדְבָּר וְהוּא רֹבֶה קַשָּׁת.

☐ ה' שׁוֹמֵעַ אֶת קוֹל הַנַּעַר וּמַצִּיל אוֹתוֹ.

☐ הָגָר מַשְׁלִיכָה אֶת יִשְׁמָעֵאל תַּחַת שִׂיחַ, וְהִיא יוֹשֶׁבֶת וּבוֹכָה.

☐ הָגָר רוֹאָה בְּאֵר מַיִם וְנוֹתֶנֶת מַיִם לְיִשְׁמָעֵאל.

10 מָה אַתֶּם יוֹדְעִים עַל יִשְׁמָעֵאל? (פְּסוּקִים כ' -כ"א) **צַיְּרוּ** אוֹ **כִּתְבוּ**.

לַחְשֹׁב... לְהָבִין... לְהַרְגִּישׁ... פְּסוּקִים י"ד-כ"א

11 בְּפָסוּק ט"ז כָּתוּב עַל הָגָר: **וַתִּשָּׂא אֶת-קֹלָהּ וַתֵּבְךְּ.**

בְּפָסוּק י"ז כָּתוּב: **וַיִּשְׁמַע אֱ-לֹהִים אֶת-קוֹל הַנַּעַר.**

בִּפְסוּקִים אֵלֶּה יֵשׁ מַשֶּׁהוּ מוּזָר (strange):

הָגָר ________, אֲבָל ה' שׁוֹמֵעַ אֶת ________.

12 מָה לְדַעְתְּכֶם ה' שָׁמַע? ________________________________

________________________________.

13 ה' מַצִּיל אֶת יִשְׁמָעֵאל וְגַם מְבָרֵךְ אוֹתוֹ. מָה לוֹמְדִים מִזֶּה עַל ה'?

____

________________________________.

לִקְרֹא שׁוּב... לְסַכֵּם... פְּסוּקִים ט׳-כ״א

1 **כִּתְבוּ** מִכְתָּב מֵהָגָר לְאַבְרָהָם אוֹ מִיִּשְׁמָעֵאל לְיִצְחָק.

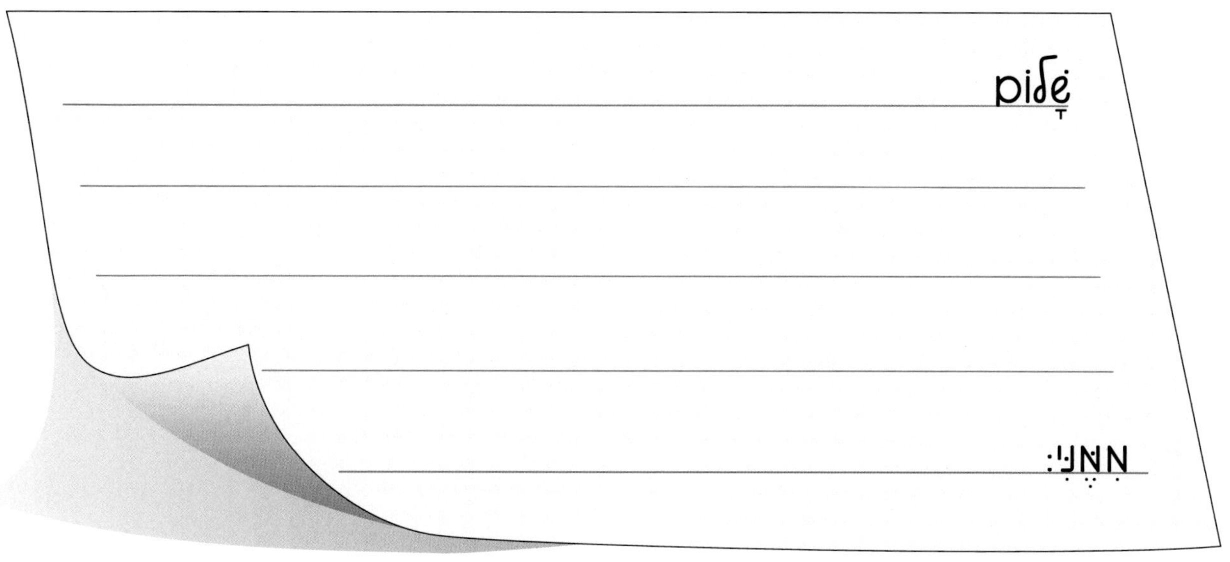

2 מִי יָכֹל לוֹמַר? (ה׳, אַבְרָהָם, שָׂרָה, הָגָר, יִצְחָק, יִשְׁמָעֵאל)

3 **כִּתְבוּ** אֶת הַפָּסוּק הַמַּתְאִים לְכָל תְּמוּנָה.

צִיּוּר שֶׁל Gustave Doré

צִיּוּר שֶׁל Gustave Doré

צִיּוּר שֶׁל **אַבֶּל פַּן**

פָּרָשַׁת וַיֵּרָא

עֲקֵדַת יִצְחָק

אֱ-לֹהִים מְנַסֶּה אֶת אַבְרָהָם

פֶּרֶק כ"ב פָּסוּק א'

א' וַיְהִי אַחַר הַדְּבָרִים הָאֵלֶּה
וְהָאֱ-לֹהִים נִסָּה[1] אֶת-אַבְרָהָם,
וַיֹּאמֶר אֵלָיו: "אַבְרָהָם," וַיֹּאמֶר: "הִנֵּנִי[2]."

1 **נִסָּה:** tested
2 **הִנֵּנִי:** הִנֵּה אֲנִי.

1 **סַמְּנוּ** בְּצֶבַע יָרֹק אֶת הַדְּמֻיּוֹת. (פָּסוּק א')

הַדְּמֻיּוֹת הֵן: ______________ ______________.

2 מִי מְנַסֶּה אֶת מִי? ______________ מְנַסֶּה אֶת ______________.

3 ה' מְנַסֶּה אֶת אַבְרָהָם. **סַמְּנוּ** ✓ : אַבְרָהָם ☐ יוֹדֵעַ ☐ לֹא יוֹדֵעַ

4 מַדּוּעַ לְדַעְתְּכֶם **בְּהַתְחָלַת הַסִּפּוּר** כָּתוּב שֶׁה' מְנַסֶּה אֶת אַבְרָהָם? ______________
______________________________.

5 בְּפֶרֶק כ"ב פָּסוּק א' אַבְרָהָם אוֹמֵר, בְּמִלָּה אַחַת, שֶׁהוּא יַעֲשֶׂה
מָה שֶׁה' יְבַקֵּשׁ מִמֶּנּוּ. הַמִּלָּה הִיא: "______________".

פֶּרֶק כ"ב
קְרִיאָה רִאשׁוֹנָה

עֲבוֹדָה בִּקְבוּצוֹת

קְבוּצָה א': פְּסוּקִים ב'-ד'

סַמְּנוּ בְּצֶבַע וָרֹד אֶת הַמִּלִּים שֶׁהַמִּלָּה **בֵּן** מוֹפִיעָה בָּהֶן.

ב' וַיֹּאמֶר: "קַח-נָא
אֶת-בִּנְךָ אֶת-יְחִידְךָ אֲשֶׁר-אָהַבְתָּ אֶת-יִצְחָק
וְלֶךְ-לְךָ אֶל-אֶרֶץ הַמֹּרִיָּה, וְהַעֲלֵהוּ שָׁם לְעֹלָה
עַל אַחַד הֶהָרִים אֲשֶׁר אֹמַר אֵלֶיךָ."

ג' וַיַּשְׁכֵּם אַבְרָהָם בַּבֹּקֶר וַיַּחֲבֹשׁ אֶת-חֲמֹרוֹ
וַיִּקַּח אֶת-שְׁנֵי נְעָרָיו אִתּוֹ וְאֵת יִצְחָק בְּנוֹ,
וַיְבַקַּע עֲצֵי עֹלָה וַיָּקָם וַיֵּלֶךְ אֶל-הַמָּקוֹם אֲשֶׁר-אָמַר-לוֹ הָאֱ-לֹהִים.

ד' בַּיּוֹם הַשְּׁלִישִׁי וַיִּשָּׂא אַבְרָהָם אֶת-עֵינָיו,
וַיַּרְא אֶת-הַמָּקוֹם מֵרָחֹק.

מְצָאתֶם ________ מִלִּים.

קְבוּצָה ב׳: פְּסוּקִים ה׳-ט׳

סַמְּנוּ בְּצֶבַע כָּחֹל אֶת הַמִּלִּים שֶׁהַמִּלָּה **בֵּן** מוֹפִיעָה בָּהֶן.

ה׳ וַיֹּאמֶר אַבְרָהָם אֶל-נְעָרָיו:
"שְׁבוּ-לָכֶם פֹּה עִם-הַחֲמוֹר
וַאֲנִי וְהַנַּעַר נֵלְכָה עַד-כֹּה,
וְנִשְׁתַּחֲוֶה וְנָשׁוּבָה אֲלֵיכֶם."

ו׳ וַיִּקַּח אַבְרָהָם אֶת עֲצֵי-הָעֹלָה
וַיָּשֶׂם עַל-יִצְחָק בְּנוֹ
וַיִּקַּח בְּיָדוֹ אֶת-הָאֵשׁ וְאֶת-הַמַּאֲכֶלֶת,
וַיֵּלְכוּ שְׁנֵיהֶם יַחְדָּו.

ז׳ וַיֹּאמֶר יִצְחָק אֶל-אַבְרָהָם אָבִיו וַיֹּאמֶר: "אָבִי"
וַיֹּאמֶר: "הִנֶּנִּי בְנִי."
וַיֹּאמֶר: "הִנֵּה הָאֵשׁ וְהָעֵצִים, וְאַיֵּה הַשֶּׂה לְעֹלָה?"

ח׳ וַיֹּאמֶר אַבְרָהָם: "אֱ-לֹהִים יִרְאֶה-לּוֹ הַשֶּׂה לְעֹלָה בְּנִי,
וַיֵּלְכוּ שְׁנֵיהֶם יַחְדָּו."

ט׳ וַיָּבֹאוּ אֶל-הַמָּקוֹם אֲשֶׁר אָמַר-לוֹ הָאֱ-לֹהִים
וַיִּבֶן שָׁם אַבְרָהָם אֶת-הַמִּזְבֵּחַ
וַיַּעֲרֹךְ אֶת-הָעֵצִים,
וַיַּעֲקֹד אֶת-יִצְחָק בְּנוֹ
וַיָּשֶׂם אֹתוֹ עַל-הַמִּזְבֵּחַ מִמַּעַל לָעֵצִים.

מְצָאתֶם _______ מִלִּים.

קְבוּצָה ג': פְּסוּקִים י'-י"ג, ט"ו-ט"ז

סַמְּנוּ בְּצֶבַע יָרֹק אֶת הַמִּלִּים שֶׁהַמִּלָּה **בֵּן** מוֹפִיעָה בָּהֶן.

י' וַיִּשְׁלַח אַבְרָהָם אֶת-יָדוֹ
וַיִּקַּח אֶת-הַמַּאֲכֶלֶת, לִשְׁחֹט אֶת-בְּנוֹ.

י"א וַיִּקְרָא אֵלָיו מַלְאַךְ ה' מִן-הַשָּׁמַיִם
וַיֹּאמֶר: "אַבְרָהָם אַבְרָהָם", וַיֹּאמֶר: "הִנֵּנִי".

י"ב וַיֹּאמֶר: "אַל-תִּשְׁלַח יָדְךָ אֶל-הַנַּעַר
וְאַל-תַּעַשׂ לוֹ מְאוּמָה,
כִּי עַתָּה יָדַעְתִּי כִּי-יְרֵא אֱ-לֹהִים אַתָּה
וְלֹא חָשַׂכְתָּ אֶת-בִּנְךָ אֶת-יְחִידְךָ מִמֶּנִּי."

י"ג וַיִּשָּׂא אַבְרָהָם אֶת-עֵינָיו
וַיַּרְא וְהִנֵּה-אַיִל אַחַר נֶאֱחַז בַּסְּבַךְ בְּקַרְנָיו,
וַיֵּלֶךְ אַבְרָהָם וַיִּקַּח אֶת-הָאַיִל
וַיַּעֲלֵהוּ לְעֹלָה תַּחַת בְּנוֹ.

• • • • • • • • • • • •

ט"ו וַיִּקְרָא מַלְאַךְ ה' אֶל-אַבְרָהָם,
שֵׁנִית מִן הַשָּׁמָיִם.

ט"ז וַיֹּאמֶר: "בִּי נִשְׁבַּעְתִּי נְאֻם-ה'
כִּי יַעַן אֲשֶׁר עָשִׂיתָ אֶת-הַדָּבָר הַזֶּה
וְלֹא חָשַׂכְתָּ אֶת-בִּנְךָ אֶת-יְחִידֶךָ."

מְצָאתֶם _______ **מִלִּים.**

1 **הַשְׁלִימוּ:**

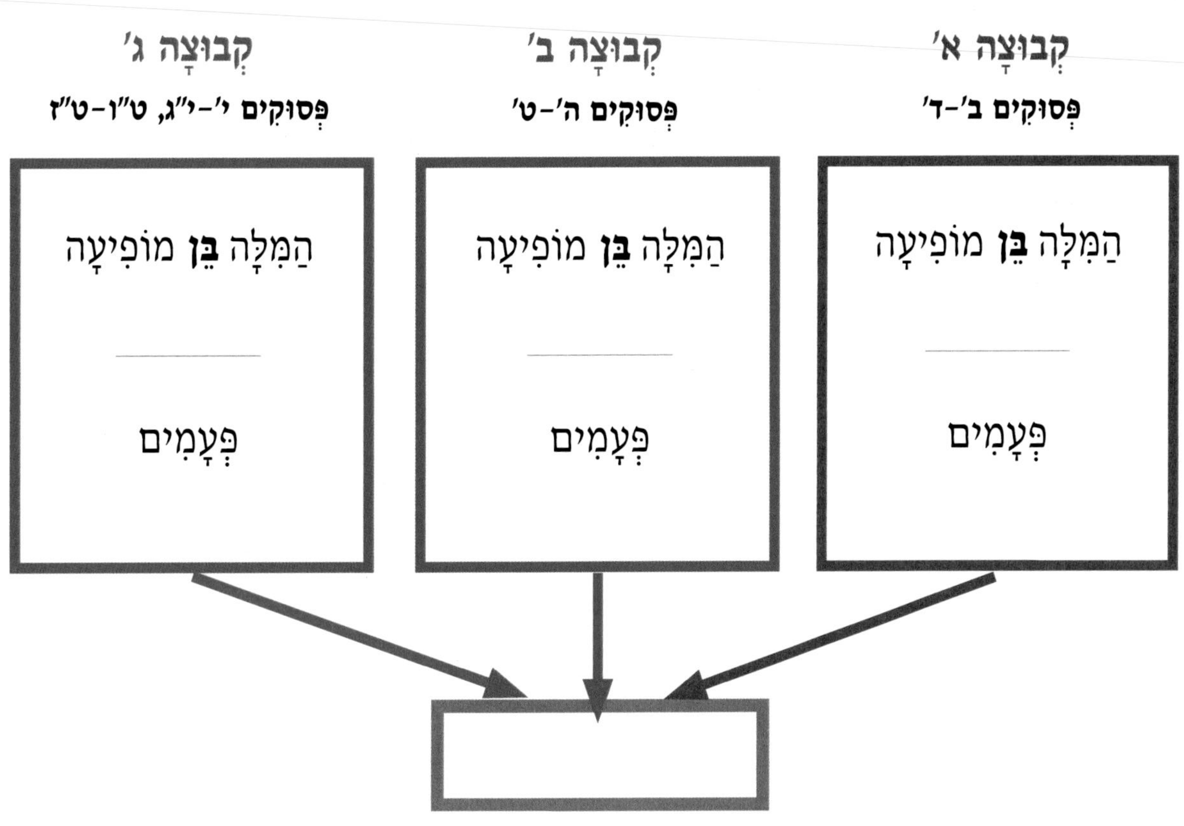

2 הַמִּלָּה **בֵּן** בִּפְסוּקִים אֵלֶּה מוֹפִיעָה ______ פְּעָמִים.

3 בַּפֶּרֶק הַזֶּה מְסֻפָּר עַל ______________________________.

4 **מִתְחוּ קַו** בֵּין הַמִּלִּים הַמַּתְאִימוֹת:

בְּנוֹ	הַבֵּן שֶׁלְּךָ
בְּנִי	הַבֵּן שֶׁלּוֹ
בִּנְךָ	הַבֵּן שֶׁלִּי

אֱ-לֹהִים מְצַוֶּה עַל אַבְרָהָם

פֶּרֶק כ״ב פְּסוּקִים ב׳–ג׳

ב׳ וַיֹּאמֶר: ״קַח-נָא
אֶת-בִּנְךָ,
אֶת-יְחִידְךָ[1]
אֲשֶׁר-אָהַבְתָּ
אֶת-יִצְחָק,
וְלֶךְ-לְךָ אֶל-אֶרֶץ הַמֹּרִיָּה,
וְהַעֲלֵהוּ[2] שָׁם לְעֹלָה[3]
עַל אַחַד הֶהָרִים אֲשֶׁר אֹמַר אֵלֶיךָ.״

ג׳ וַיַּשְׁכֵּם[4] אַבְרָהָם בַּבֹּקֶר וַיַּחֲבֹשׁ[5] אֶת-חֲמֹרוֹ[6]
וַיִּקַּח אֶת-שְׁנֵי נְעָרָיו[7] אִתּוֹ וְאֵת יִצְחָק בְּנוֹ,
וַיְבַקַּע עֲצֵי עֹלָה[8] וַיָּקָם וַיֵּלֶךְ אֶל-הַמָּקוֹם אֲשֶׁר-אָמַר-לוֹ הָאֱ-לֹהִים.

1 **יְחִידְךָ:** הַיָּחִיד שֶׁלְּךָ.
2 **וְהַעֲלֵהוּ** (ע-ל-ה): offer him as a burnt offering
3 **עֹלָה:** קָרְבָּן. (burnt offering)
4 **וַיַּשְׁכֵּם:** קָם מֻקְדָּם בַּבֹּקֶר.
5 **וַיַּחֲבֹשׁ** (ח-ב-ש): saddled
6 **חֲמֹרוֹ:** הַחֲמוֹר שֶׁלּוֹ.
7 **נְעָרָיו:** הַנְּעָרִים שֶׁלּוֹ. his two young men
8 **וַיְבַקַּע עֲצֵי עֹלָה:** he split the wood for the burnt offering

לִקְרֹא... לִמְצֹא... לְהַשְׁלִים... פְּסוּקִים ב׳-ג׳

1 **הַשְׁלִימוּ** (פָּסוּק ב׳):

(sacrifice)
הַקָּרְבָּן (הָעֹלָה) יִהְיֶה __________ . מִי יַקְרִיב אוֹתוֹ? __________ .

2 **הַשְׁלִימוּ:**

- לְעֹלָה
- אֶרֶץ הַמֹּרִיָּה
- הֶהָרִים
- יִצְחָק

ה׳ מְצַוֶּה עַל אַבְרָהָם לָקַחַת אֶת __________ ,

לָלֶכֶת אֶל __________ __________

וּלְהַעֲלוֹת __________ אֶת יִצְחָק עַל אַחַד __________ .

3 ה׳ לֹא אוֹמֵר מִיָּד אֶת הַשֵּׁם "יִצְחָק". הוּא אוֹמֵר:

אֶת __________

אֶת __________

____

אֶת יִצְחָק.

4 **סַמְּנוּ** בְּעַמּוּד 72 בְּצֶבַע יָרֹק אֶת כָּל הַפְּעֻלּוֹת שֶׁאַבְרָהָם עוֹשֶׂה. (פָּסוּק ג׳)

אַבְרָהָם עוֹשֶׂה __________ פְּעֻלּוֹת.

5 **הַשְׁלִימוּ:**

__________ **חוֹבֵשׁ** אֶת הַחֲמוֹר. __________ **מְבַקֵּעַ** אֶת הָעֵצִים.

__________ **לוֹקֵחַ** אִתּוֹ אֶת יִצְחָק וְאֶת הַנְּעָרִים.

לַחְשֹׁב... לְהָבִין... לְהַרְגִּישׁ... פְּסוּקִים ב׳-ג׳

6 אֱ-לֹהִים אוֹמֵר לְאַבְרָהָם:

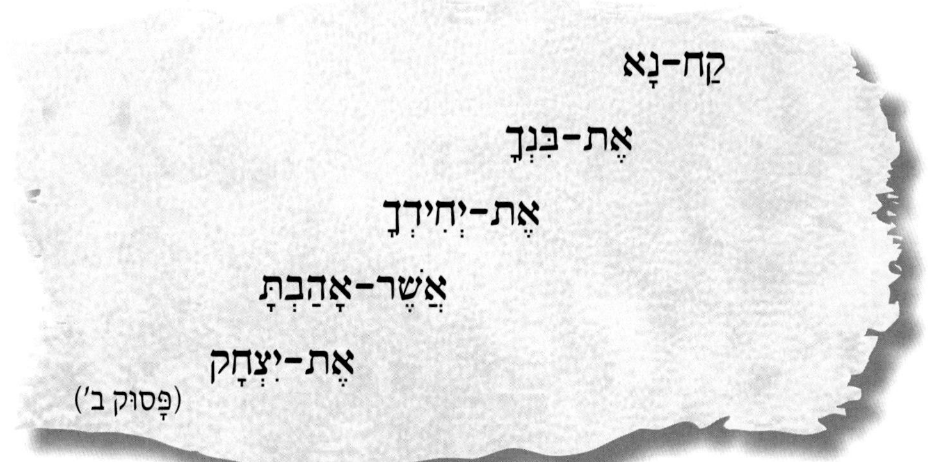

אֱ-לֹהִים יָכוֹל לוֹמַר בְּקִצּוּר:

קַח ________ ________ בִּנְךָ ________ ________ .

7 ה׳ אוֹמֵר לוֹ כָּךְ, (פָּסוּק ב׳) כִּי ______________________________

____ .

8 בַּסִּפּוּר עַל סְדוֹם וַעֲמוֹרָה כָּתוּב שֶׁאַבְרָהָם מִתְוַכֵּחַ (argues) עִם ה׳.

בַּסִּפּוּר עַל גֵּרוּשׁ הָגָר כָּתוּב שֶׁהַדָּבָר הָיָה רַע בְּעֵינֵי אַבְרָהָם. (פֶּרֶק כ״א פָּסוּק י״א)

בַּסִּפּוּר הַזֶּה, בְּפֶרֶק כ״ב, אַבְרָהָם לֹא מִתְוַכֵּחַ כִּי ______________________

____ .

9 ה׳ מְצַוֶּה עַל אַבְרָהָם פַּעֲמַיִם: בְּפֶרֶק י״ב וּבְפֶרֶק כ״ב.

סַמְּנוּ בְּצֶבַע צָהֹב אֶת הַמִּלִּים הַדּוֹמוֹת בִּשְׁנֵי הַמְּקוֹמוֹת.

הַצַּו הָרִאשׁוֹן	**הַצַּו הַשֵּׁנִי**
(פֶּרֶק י״ב פָּסוּק א׳)	(פֶּרֶק כ״ב פָּסוּק ב׳)
וַיֹּאמֶר ה׳ אֶל-אַבְרָם:	וַיֹּאמֶר [ה׳ אֶל אַבְרָהָם]:
״לֶךְ-לְךָ	״קַח-נָא
מֵאַרְצְךָ	אֶת-בִּנְךָ
וּמִמּוֹלַדְתְּךָ	אֶת-יְחִידְךָ
וּמִבֵּית אָבִיךָ	אֲשֶׁר-אָהַבְתָּ
	אֶת-יִצְחָק
	וְלֶךְ-לְךָ
אֶל הָאָרֶץ	אֶל-אֶרֶץ הַמֹּרִיָּה,
	וְהַעֲלֵהוּ שָׁם לְעֹלָה
	עַל אַחַד הֶהָרִים
אֲשֶׁר אַרְאֶךָּ.״	אֲשֶׁר אֹמַר אֵלֶיךָ.״

10 אֵיךְ ה׳ אוֹמֵר אֶת שְׁנֵי הַצַּוִּים לְאַבְרָהָם?

סַמְּנוּ ✓ לְיַד הַתְּשׁוּבָה הַנְּכוֹנָה.

☐ לְאַט ☐ מַהֵר

כִּי ____________________

11 **בְּפֶרֶק י"ב:**

- ה' מְצַוֶּה עַל אַבְרָם לָלֶכֶת. (פָּסוּק א')
- ה' מַבְטִיחַ בְּרָכוֹת לְאַבְרָם. (פָּסוּק ג')
- אַבְרָם קָם וְהוֹלֵךְ. (פָּסוּק ד')

בְּפֶרֶק כ"ב:

- ה' מְצַוֶּה עַל אַבְרָהָם לָקַחַת אֶת בְּנוֹ. (פָּסוּק ב')
- ....
- אַבְרָהָם קָם וְהוֹלֵךְ. (פָּסוּק ג')

כִּתְבוּ אֶת הַמִּשְׁפָּט שֶׁלֹּא כָּתוּב בִּפְסוּקִים ב' אוֹ ג' בְּפֶרֶק כ"ב:

____

12 בְּפֶרֶק כ"ב ה' לֹא מְבָרֵךְ אֶת אַבְרָהָם, אֲבָל אַבְרָהָם קָם וְהוֹלֵךְ.

מָה לוֹמְדִים מִזֶּה עַל אַבְרָהָם? ____________________

________________________________.

13 מָה לְדַעְתְּכֶם יִקְרֶה לַבְּרָכוֹת שֶׁה' הִבְטִיחַ לְאַבְרָהָם (פֶּרֶק י"ב)?

________________________________.

14 אַבְרָהָם עוֹשֶׂה כַּמָּה פְּעֻלּוֹת:

"וַיַּשְׁכֵּם... וַיַּחֲבֹשׁ... וַיִּקַּח... וַיְבַקַּע... וַיָּקָם.. וַיֵּלֶךְ..." (פָּסוּק ג')

מָה לְדַעְתְּכֶם אַבְרָהָם חוֹשֵׁב בְּאוֹתוֹ זְמַן עַל **יִצְחָק**, עַל **שָׂרָה**, עַל **ה'**?

בַּחֲרוּ דְּמוּת אַחַת **וְכִתְבוּ** מָה אַבְרָהָם חוֹשֵׁב עָלֶיהָ.

____

____

אַבְרָהָם וְיִצְחָק הוֹלְכִים

פֶּרֶק כ"ב פְּסוּקִים ו'–ח'

ו' וַיִּקַּח אַבְרָהָם אֶת עֲצֵי-הָעֹלָה[1]
וַיָּשֶׂם[2] עַל-יִצְחָק בְּנוֹ
וַיִּקַּח בְּיָדוֹ אֶת-הָאֵשׁ וְאֶת-הַמַּאֲכֶלֶת[3],
וַיֵּלְכוּ שְׁנֵיהֶם יַחְדָּו.

ז' וַיֹּאמֶר יִצְחָק אֶל-אַבְרָהָם אָבִיו וַיֹּאמֶר: "אָבִי",
וַיֹּאמֶר: "הִנֶּנִּי בְנִי,"
וַיֹּאמֶר: "הִנֵּה הָאֵשׁ וְהָעֵצִים, וְאַיֵּה[4] הַשֶּׂה לְעֹלָה?"

ח' וַיֹּאמֶר אַבְרָהָם: "אֱ-לֹהִים יִרְאֶה[5]-לּוֹ הַשֶּׂה לְעֹלָה בְּנִי"
וַיֵּלְכוּ[6] שְׁנֵיהֶם יַחְדָּו.

1 **עֲצֵי-הָעֹלָה:** the wood for the burnt offering

2 **וַיָּשֶׂם** (שׂ-י-ם): הוּא שָׂם.

3 **הַמַּאֲכֶלֶת** (א-כ-ל): slaughtering knife

4 **וְאַיֵּה:** אֵיפֹה.

5 **יִרְאֶה** (ר-א-ה): will see to it

6 **וַיֵּלְכוּ** (ה-ל-כ): הֵם הָלְכוּ.

אַבְרָהָם וְיִצְחָק
צִיּוּר שֶׁל הַצַּיָּר אֶפְרַיִם מֹשֶׁה לִילְיֵין
שֶׁחַי לִפְנֵי 100 שָׁנִים בְּעֵרֶךְ.

לִקְרֹא... לִמְצֹא... לְהַשְׁלִים... פְּסוּקִים ו׳-ח׳

1 מָה אַבְרָהָם שָׂם עַל יִצְחָק? ______________________.

2 מָה אַבְרָהָם לוֹקֵחַ? __________ וְ__________.

3 **כִּתְבוּ** בִּלְשׁוֹנֵנוּ:

הַשְּׁאֵלָה שֶׁיִּצְחָק שׁוֹאֵל אֶת אָבִיו הִיא: (פָּסוּק ז׳)

____

______________________________.

4 **כִּתְבוּ** בִּלְשׁוֹנֵנוּ:

הַתְּשׁוּבָה שֶׁל אַבְרָהָם הִיא: (פָּסוּק ח׳)

____

______________________________.

5 לְדַעְתְּכֶם, אֵיזוֹ תְּשׁוּבָה יִצְחָק רוֹצֶה לִשְׁמֹעַ?

____

______________________________.

6 לְדַעְתְּכֶם, לָמָּה אַבְרָהָם עוֹנֶה כָּךְ לְיִצְחָק? ______________

______________________________.

7 לְדַעְתְּכֶם, מָה יִצְחָק מֵבִין מִן הַתְּשׁוּבָה שֶׁל אַבְרָהָם?

____

______________________________.

8 **כִּתְבוּ** אֶת הַפָּסוּק הַמַּתְאִים לַצִּיּוּר:

____

____

____

צִיּוּר שֶׁל הַצַּיָּר Gustave Doré
שֶׁחַי לִפְנֵי 150 שָׁנִים בְּעֵרֶךְ.

9 אַבְרָהָם שָׂם עַל יִצְחָק אֶת עֲצֵי הָעֹלָה.

אַבְרָהָם לוֹקֵחַ אֶת הָאֵשׁ וְאֶת הַמַּאֲכֶלֶת, וְאַחַר כָּךְ כָּתוּב:

וַיֵּלְכוּ שְׁנֵיהֶם יַחְדָּו (פָּסוּק ו')

יִצְחָק שׁוֹאֵל אֶת אַבְרָהָם שְׁאֵלָה.

אַבְרָהָם עוֹנֶה לְיִצְחָק, וְאָז שׁוּב כָּתוּב:

וַיֵּלְכוּ שְׁנֵיהֶם יַחְדָּו (פָּסוּק ח')

לְפִי דַּעְתְּכֶם, מַדּוּעַ כָּתוּב פַּעֲמַיִם "וַיֵּלְכוּ שְׁנֵיהֶם יַחְדָּו"?

כִּי ______________________________

______________________________.

הָעֲקֵדָה

פֶּרֶק כ״ב פְּסוּקִים ט׳–י״ב

ט׳ וַיָּבֹאוּ[1] אֶל-הַמָּקוֹם אֲשֶׁר אָמַר-לוֹ הָאֱ-לֹהִים,
וַיִּבֶן[2] שָׁם אַבְרָהָם אֶת-הַמִּזְבֵּחַ[3]
וַיַּעֲרֹךְ[4] אֶת-הָעֵצִים,
וַיַּעֲקֹד[5] אֶת-יִצְחָק בְּנוֹ
וַיָּשֶׂם[6] אֹתוֹ עַל-הַמִּזְבֵּחַ מִמַּעַל[7] לָעֵצִים.

י׳ וַיִּשְׁלַח[8] אַבְרָהָם אֶת-יָדוֹ
וַיִּקַּח אֶת-הַמַּאֲכֶלֶת,
לִשְׁחֹט[9] אֶת-בְּנוֹ.

י״א וַיִּקְרָא אֵלָיו מַלְאַךְ ה׳ מִן-הַשָּׁמַיִם
וַיֹּאמֶר: ״אַבְרָהָם אַבְרָהָם,״
וַיֹּאמֶר: ״הִנֵּנִי״.

1 **וַיָּבֹאוּ** (ב-ו-א): הֵם בָּאוּ.
2 **וַיִּבֶן** (ב-נ-ה): הוּא בָּנָה.
3 **הַמִּזְבֵּחַ:** the altar
4 **וַיַּעֲרֹךְ** (ע-ר-כ): he arranged
5 **וַיַּעֲקֹד:** he bound, he tied up
6 **וַיָּשֶׂם** (ש-י-מ): הוּא שָׂם.
7 **מִמַּעַל:** עַל. (on top)
8 **וַיִּשְׁלַח** (ש-ל-ח): הוּא שָׁלַח.
9 **לִשְׁחֹט:** to slaughter

י״ב וַיֹּאמֶר: ״אַל-תִּשְׁלַח יָדְךָ אֶל-הַנַּעַר
וְאַל-תַּעַשׂ[10] לוֹ מְאוּמָה[11],
כִּי עַתָּה[12] יָדַעְתִּי כִּי-יְרֵא[13] אֱ-לֹהִים אַתָּה
וְלֹא חָשַׂכְתָּ[14] אֶת-בִּנְךָ אֶת-יְחִידְךָ מִמֶּנִּי[15].״

10 **תַּעַשׂ** (ע-ש-ה): תַּעֲשֶׂה.

11 **מְאוּמָה:** anything

12 **עַתָּה:** עַכְשָׁו.

13 **יְרֵא:** יָרֵא – fearing

14 **חָשַׂכְתָּ** (ח-ש-כ): you didn't hold back

15 **מִמֶּנִּי:** from me

עֲקֵדַת יִצְחָק, צִיּוּר שֶׁל הַצַּיָּר הַהוֹלַנְדִי Rembrandt
שֶׁחַי לִפְנֵי 350 שָׁנִים בְּעֵרֶךְ.

לִקְרֹא... לִמְצֹא... לְהַשְׁלִים... פְּסוּקִים ט׳-י״ב

1 **הַקִּיפוּ** בְּמַלְבֵּן בְּעַמּוּד 81 אֶת הַפְּעֻלּוֹת שֶׁאַבְרָהָם עוֹשֶׂה. (פְּסוּקִים ט׳-י׳)

2 מִי קָרָא לְאַבְרָהָם מִן הַשָּׁמַיִם? (פָּסוּק י״א) ______________________ .

3 **סַמְּנוּ** בִּפְסוּקִים י״א-י״ב:

בְּצֶבַע צָהֹב אֶת דִּבְרֵי **מַלְאַךְ ה׳**.

בְּצֶבַע יָרֹק אֶת דִּבְרֵי **אַבְרָהָם**.

4 הַמַּלְאָךְ אוֹמֵר לְאַבְרָהָם מָה לֹא לַעֲשׂוֹת. (פָּסוּק י״ב)

כִּתְבוּ בִּלְשׁוֹנֵנוּ: אַל ______________________ .

וְאַל ______________________ .

5 מָה ה׳ יוֹדֵעַ עַכְשָׁו עַל אַבְרָהָם? (פָּסוּק י״ב)

כִּתְבוּ בִּלְשׁוֹן הַתּוֹרָה:

״כִּי ____________ ____________ ____________.״

6 **כִּתְבוּ** בִּלְשׁוֹנֵנוּ:

הַמַּלְאָךְ רוֹאֶה שֶׁאַבְרָהָם יְרֵא אֱ-לֹהִים, כִּי הוּא ______________________

______________________ .

לַחְשֹׁב... לְהָבִין... לְהַרְגִּישׁ... פְּסוּקִים ט׳-י״ב

7 אֵיךְ לְדַעְתְּכֶם אַבְרָהָם עוֹשֶׂה אֶת כָּל הַפְּעֻלּוֹת? (פְּסוּקִים ט׳-י׳) **סַמְּנוּ** ✓ .

☐ מַהֵר ☐ לְאַט

כִּי ______________________________ .

8 סִפּוּר עֲקֵדַת יִצְחָק מַתְחִיל בַּפָּסוּק: ״...**וְהָאֱ-לֹהִים נִסָּה-אֶת אַבְרָהָם.**״ (פָּסוּק א׳)

לְדַעְתִּי, הַסִּפּוּר מַתְחִיל כָּךְ כִּי ______________________________

______________________________ .

10 בִּתְחִלַּת סִפּוּר הָעֲקֵדָה הִרְגַּשְׁתִּי ______________________________

______________________________ .

11 בְּסוֹף פָּסוּק י״ב הִרְגַּשְׁתִּי ______________________________

______________________________ .

12 מִסִּפּוּר הָעֲקֵדָה ה׳ לָמַד שֶׁאַבְרָהָם ______________________________

______________________________ .

13 מִסִּפּוּר הָעֲקֵדָה אֲנִי לָמַדְתִּי ______________________________

______________________________ .

אַבְרָהָם מַקְרִיב אַיִל

פֶּרֶק כ״ב פְּסוּקִים י״ג, י״ד, י״ט

י״ג וַיִּשָּׂא[1] אַבְרָהָם אֶת-עֵינָיו
וַיַּרְא וְהִנֵּה-אַיִל אַחַר נֶאֱחַז בַּסְּבַךְ בְּקַרְנָיו[2],
וַיֵּלֶךְ אַבְרָהָם וַיִּקַּח אֶת-הָאַיִל
וַיַּעֲלֵהוּ לְעֹלָה[3] תַּחַת[4] בְּנוֹ.

י״ד וַיִּקְרָא אַבְרָהָם שֵׁם-הַמָּקוֹם הַהוּא ״ה׳ יִרְאֶה״
אֲשֶׁר יֵאָמֵר[5] הַיּוֹם: ״בְּהַר ה׳ יֵרָאֶה[6].״

• • • • • • • •

י״ט וַיָּשָׁב אַבְרָהָם אֶל-נְעָרָיו
וַיָּקֻמוּ וַיֵּלְכוּ יַחְדָּו אֶל-בְּאֵר שָׁבַע,
וַיֵּשֶׁב אַבְרָהָם בִּבְאֵר שָׁבַע.

1 **וַיִּשָּׂא** (נ-ש-א): lifted

2 **בְּקַרְנָיו:** בַּקְּרָנַיִם שֶׁלּוֹ. (by its horns)

3 **וַיַּעֲלֵהוּ לְעֹלָה:** offered it for a burnt offering

4 **תַּחַת:** instead of

5 **יֵאָמֵר** (א-מ-ר): there is a saying

6 **יֵרָאֶה** (ר-א-ה): appears

לִקְרֹא... לִמְצֹא... לְהַשְׁלִים... פְּסוּקִים י"ג, י"ד, י"ט

1 מָה אַבְרָהָם רוֹאֶה? ______________ (פָּסוּק י"ג)

2 **הַקִּיפוּ** בְּמַלְבֵּן בְּעַמּוּד 85 אֶת כָּל הַפְּעֻלּוֹת שֶׁאַבְרָהָם עוֹשֶׂה.

3 אַבְרָהָם מַקְרִיב ______________ .

4 אַבְרָהָם נוֹתֵן לַמָּקוֹם שֵׁם חָדָשׁ (פָּסוּק י"ד): ________ ______________ .

5 מִי הוֹלֵךְ לִבְאֵר שֶׁבַע? (פָּסוּק י"ט) ______________________ .

6 עַל מִי לֹא כָּתוּב בְּפָסוּק י"ט? עַל ______________ .

7 לָמָּה לְדַעְתְּכֶם הַשֵּׁם **יִצְחָק** לֹא כָּתוּב בְּפָסוּק י"ט?

____.

8 בְּפָסוּק ו' כָּתוּב: **"וַיֵּלְכוּ שְׁנֵיהֶם יַחְדָּו."**

גַּם בְּפָסוּק ח' כָּתוּב: **"וַיֵּלְכוּ שְׁנֵיהֶם יַחְדָּו."**

בְּפָסוּק י"ט כָּתוּב: **"וַיֵּלְכוּ יַחְדָּו."**

הַמִּלָּה הַחֲסֵרָה בְּפָסוּק י"ט הִיא ________________

לְפִי דַּעְתִּי הַמִּלָּה הַזֹּאת חֲסֵרָה כִּי ____________________

____.

9 צַיְּרוּ אֶת אַבְרָהָם, אֶת יִצְחָק וְאֶת הַנְּעָרִים הוֹלְכִים, אַחֲרֵי הָעֲקֵדָה.

ה' מְבָרֵךְ אֶת אַבְרָהָם

פֶּרֶק כ"ב פְּסוּקִים י"ז–י"ח

י"ז כִּי-בָרֵךְ אֲבָרֶכְךָ וְהַרְבָּה אַרְבֶּה אֶת-זַרְעֲךָ כְּכוֹכְבֵי הַשָּׁמַיִם
וְכַחוֹל[1] אֲשֶׁר עַל-שְׂפַת הַיָּם[2],
וְיִרַשׁ זַרְעֲךָ אֵת שַׁעַר אֹיְבָיו[3].

י"ח וְהִתְבָּרְכוּ בְזַרְעֲךָ כֹּל גּוֹיֵי הָאָרֶץ,
עֵקֶב[4] אֲשֶׁר שָׁמַעְתָּ בְּקֹלִי.

1 **וְכַחוֹל:** כְּמוֹ הַחוֹל.
2 **שְׂפַת הַיָּם:** seashore
3 **אֹיְבָיו:** הָאוֹיְבִים שֶׁלּוֹ. (his enemies)
4 **עֵקֶב:** בִּגְלַל.

© Digital Vision

"וְכַחוֹל אֲשֶׁר עַל-שְׂפַת הַיָּם..."

הַבְּרָכָה לְאַבְרָהָם
בְּפָרָשַׁת לֶךְ לְךָ (**בְּפֶרֶק י"ב**):

ה' מְצַוֶּה,
ה' מַבְטִיחַ בְּרָכוֹת לְאַבְרָהָם,
וְאַבְרָהָם קָם וְהוֹלֵךְ.

הַבְּרָכָה לְאַבְרָהָם
בְּסִפּוּר הָעֲקֵדָה (**בְּפֶרֶק כ"ב**):

ה' מְצַוֶּה,
אַבְרָהָם קָם וְהוֹלֵךְ,
אַבְרָהָם עוֹקֵד אֶת יִצְחָק,
ה' מְבָרֵךְ אֶת אַבְרָהָם.

1 בְּפָסוּק ט"ז ה' מַסְבִּיר לְאַבְרָהָם לָמָּה הוּא מְבָרֵךְ אוֹתוֹ עַכְשָׁו:

"יַעַן אֲשֶׁר עָשִׂיתָ אֶת-הַדָּבָר הַזֶּה וְלֹא חָשַׂכְתָּ אֶת-בִּנְךָ אֶת-יְחִידֶךָ."

כִּתְבוּ בִּלְשׁוֹנְכֶם, מַהוּ "הַדָּבָר" שֶׁאַבְרָהָם עָשָׂה?

אַבְרָהָם ______________________________ .

2 ה' מְבָרֵךְ אֶת אַבְרָהָם שָׁלֹשׁ בְּרָכוֹת.

סַמְּנוּ אוֹתָן בְּצֶבַע צָהֹב בְּעַמּוּד 88.

3 **כִּתְבוּ** אוֹתָן בִּלְשׁוֹן הַתּוֹרָה.

"וְהַרְבָּה __________ __________ __________."

"וְיִרַשׁ __________ __________ __________ __________."

"וְהִתְבָּרְכוּ __________ __________ __________ __________."

4 **כִּתְבוּ** בִּלְשׁוֹנֵנוּ:

הַבְּרָכָה הַחֲדָשָׁה לְאַבְרָהָם הִיא: ______________________________

5 **הַשְׁלִימוּ** בִּלְשׁוֹנֵנוּ וְאַחַר כָּךְ **צַיְּרוּ**.

זַרְעוֹ שֶׁל אַבְרָהָם יִהְיֶה רָב

כְּמוֹ ____________________ וּכְמוֹ ____________________.

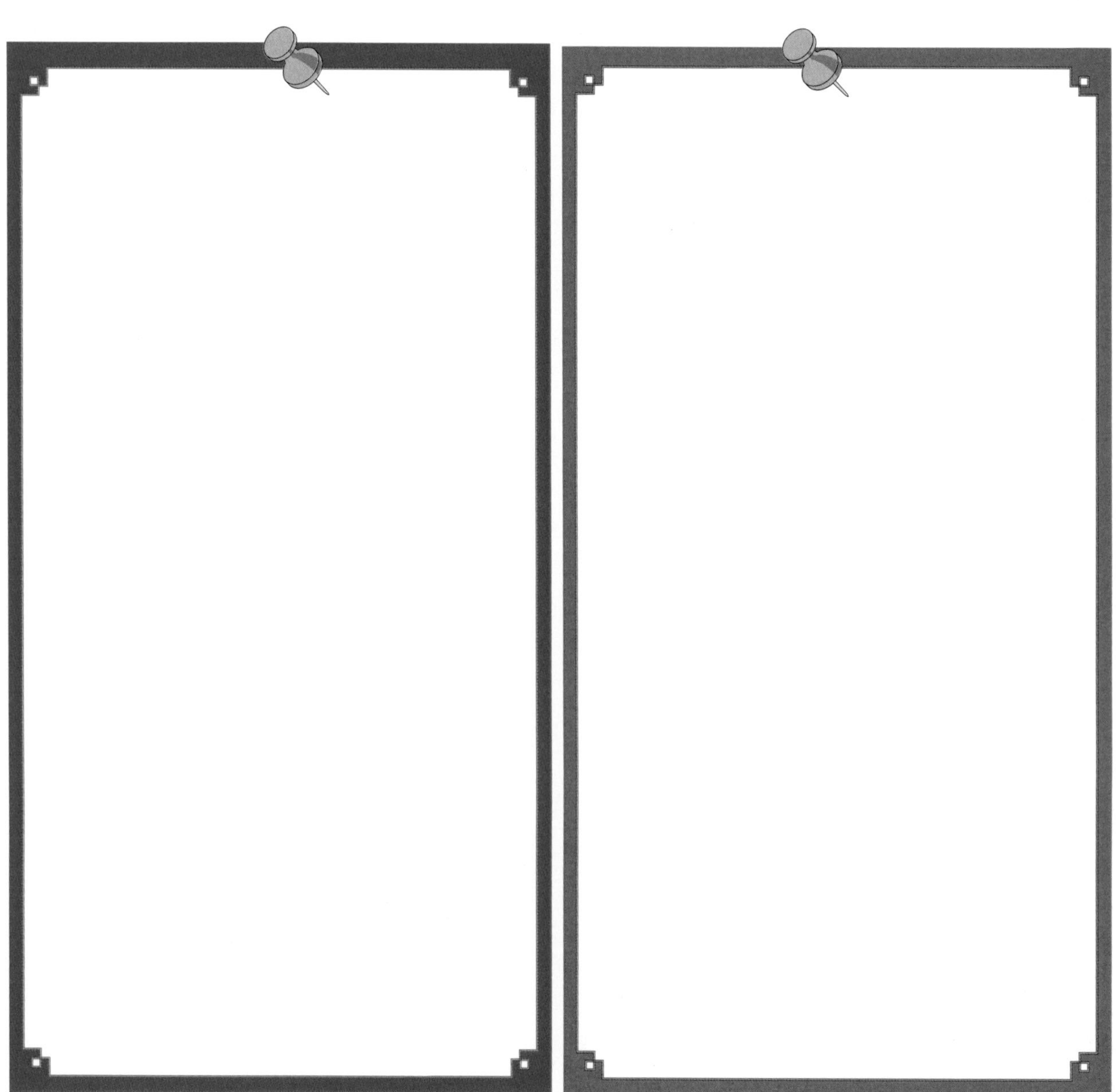

לִקְרֹא שׁוּב... לְסַכֵּם... פְּסוּקִים א׳-י״ט

1 אֱ-לֹהִים נִיסָּה אֶת אַבְרָהָם כִּי הוּא רָצָה לִרְאוֹת ____________

____

(passed the test)

2 מָה מַרְאֶה שֶׁאַבְרָהָם עָמַד בַּנִּסָּיוֹן? (פָּסוּק י״ב, פָּסוּק ט״ז) ____________

____

3 בְּהַתְחָלַת סִפּוּר הָעֲקֵדָה כָּתוּב שֶׁה׳ מְנַסֶּה אֶת אַבְרָהָם.

מָה חֲשַׁבְתֶּם וּמָה הִרְגַּשְׁתֶּם? **סַמְּנוּ** ✓ לְיַד הַתְּשׁוּבוֹת שֶׁאַתֶּם מַסְכִּימִים אִתָּן.

הָיִיתִי בָּטוּחַ שֶׁה׳ יַצִּיל אֶת יִצְחָק. ◯

לֹא פָּחַדְתִּי. ◯

יָדַעְתִּי שֶׁזֶּה לֹא יִקְרֶה. ◯

פָּחַדְתִּי מְאֹד. ◯

יָדַעְתִּי שֶׁיֵּשׁ עוֹד סִפּוּרִים עַל יִצְחָק, אָז לֹא פָּחַדְתִּי. ◯

לֹא יָדַעְתִּי מָה יִקְרֶה בַּסּוֹף. ◯

כְּבָר יָדַעְתִּי אֶת הַסִּפּוּר, אָז לֹא פָּחַדְתִּי. ◯

4 בְּרֹאשׁ הַשָּׁנָה אֲנַחְנוּ קוֹרְאִים אֶת הַסִּפּוּר הַזֶּה בְּבֵית הַכְּנֶסֶת.

לְדַעְתְּכֶם – מַדּוּעַ? ____________

____

5 **כִּתְבוּ** בִּלְשׁוֹן הַתּוֹרָה:

(most tense)
הַפָּסוּק הֲכִי מוֹתֵחַ בַּסִּפּוּר הוּא:

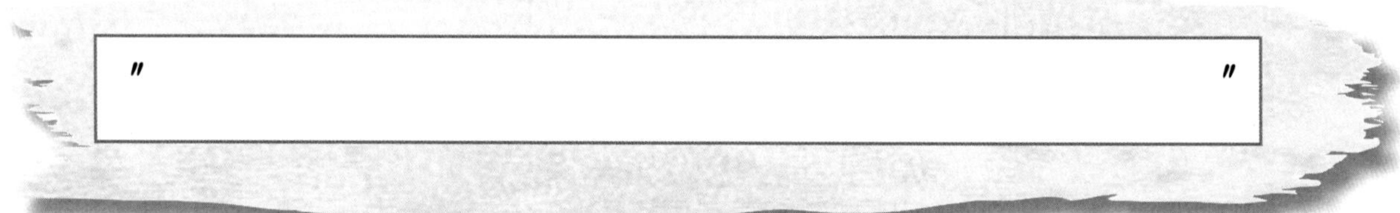

(most love)
הַפָּסוּק שֶׁהֲכִי אָהַבְתִּי בַּסִּפּוּר הוּא:

6 אֵיפֹה שָׂרָה? מָה הִיא יוֹדַעַת? מָה הִיא חוֹשֶׁבֶת? מָה הִיא מַרְגִּישָׁה?

כִּתְבוּ בַּיּוֹמָן שֶׁל שָׂרָה. **בַּחֲרוּ**:

- אַבְרָהָם מְסַפֵּר לְשָׂרָה אֶת הַסִּפּוּר.
- יִצְחָק מְסַפֵּר לְשָׂרָה אֶת הַסִּפּוּר.

גִּזְרוּ אֶת חֶלְקֵי הַפְּסוּקִים מֵעַמּוּד 95

וְהַדְבִּיקוּ בְּעַמּוּד זֶה וּבְעַמּוּד 94 בַּמְּקוֹמוֹת הַמַּתְאִימִים.

זַעֲקַת סְדֹם וַעֲמוֹרָה כִּי-רָבָּה	וְחַטָּאתָם כִּי כָבְדָה מְאֹד
הַאַף תִּסְפֶּה	
וְשָׁמְרוּ דֶּרֶךְ ה'	
הֲשֹׁפֵט כָּל-הָאָרֶץ	

	קַח-נָא אֶת-בִּנְךָ אֶת-יְחִידְךָ אֲשֶׁר-אָהַבְתָּ
	הִנֵּה הָאֵשׁ וְהָעֵצִים
	אַל-תִּשְׁלַח יָדְךָ אֶל-הַנַּעַר
	אַרְבֶּה אֶת-זַרְעֲךָ כְּכוֹכְבֵי הַשָּׁמַיִם

גִּזְרוּ אֶת חֶלְקֵי הַפְּסוּקִים **וְהַדְבִּיקוּ** אוֹתָם בְּעַמּוּדִים 93–94.

לַעֲשׂוֹת צְדָקָה וּמִשְׁפָּט	צַדִּיק עִם רָשָׁע
אֶת יִצְחָק	וְאַל-תַּעַשׂ לוֹ מְאוּמָה
וְכַחוֹל אֲשֶׁר עַל-שְׂפַת הַיָּם	לֹא יַעֲשֶׂה מִשְׁפָּט
וְאַיֵּה הַשֶּׂה לְעֹלָה	וְחַטָּאתָם כִּי כָבְדָה מְאֹד